誰でも
できる

英語が
しゃべれなくても
大丈夫！

指さし
カンタン！
英会話

Jリサーチ出版 編

Jリサーチ出版

単語と指さしでカンタン！
温かい気持ちで外国人をおもてなし

　海外の人とコミュニケーションをとりたいと思っている人のためのツール（道具）としての一冊です。話しかけてみたいけど何を言っていいかわからない、話しかけられても聴き取れないかもしれない——そんな英語に対する苦手意識から、最初の一歩が踏み出せない人も多いのではないでしょうか。

　外国人とのコミュニケーションの基本は「温かい気持ち」です。あなたが外国を旅したとき、言葉が通じないのに、積極的に話しかけてくれたり、一所懸命に説明してくれたりする地元の人たちに会いませんでしたか？　そんなとき、地元の人たちの「温かい気持ち」は、言葉の壁を越え、あなたにしっかりと伝わってきたはずです。それは、あなたが日本で外国人旅行者を迎える立場になったときも同じこと。街なかで、駅の構内で、店先で、困っている様子の外国人旅行者を見かけたとき、「手助けしたい」という「温かい気持ち」があれば、言葉の壁は小さな問題です。

　本書は、そんなあなたの「温かい気持ち」を後押しするためのものです。外国人の言葉が完璧に聴き取れなくても、意図がくみとれれば、コミュニケーションはスタートできます。本書では、使い回しのきくシンプルな10パターンの英文をたくさんの単語とともに紹介しています。長い英文を覚える必要はありません。外国人と出会いそうな場面を想定し、場面ごとに写真やイラストをふんだんに掲載しているので、それを指さしながら会話してみるのもよいでしょう。さらに、もうちょっと会話を楽しみたいという人のために、相手のことを聞いたり、自分のことを話したりできる会話例を「プラス・アルファの会話」としてまとめました。

　外国人とのコミュニケーションをもっと気軽に楽しんでみませんか？　本書がその一助となれば幸いです。

CONTENTS

【準備学習】

魔法の基本10パターン　　　　　　　　17

【場面別会話】

🌀 街・路上編　　　　　　　　　　29

街・路上で

場所について、どのあたりかを教える／交通手段を教える／距離について説明する／位置を説明する／時間を伝える／街の中の単語／これからしてあげることを伝える／困っている人に声をかける

🚆 交通編　　　　　　　　　　　39

駅・バスターミナルで

目的地や条件に合った交通手段を案内する／目的地や条件に合った交通手段を提案する／目的地までどの路線で行けばいいか、案内する／相手が持っている交通機関の情報を確認する／駅などで探している場所や物がどこにあるか説明する／駅のホームの単語／交通機関の切符やカードの種類を説明する／切符やカードを買える場所を伝える／観光情報が得られる場所を伝える／観光情報が得られるツールについて助言する／駅のサービスを教える／相手の目的地に合った方向・出口・入口を教える

CONTENTS

CONTENTS

絵を指さしてもらって確認！
外国人お助けチャート

What's the matter?

① Point at the corresponding picture.

I'm looking for a store where I can eat.

食事の店を探しています。
⇨「飲食店編」p.58

②

I'd like to go to the station, but I don't know where it is.

駅を探しています。
⇨「街・路上編」p.33

I'd like to go to the hotel, but I don't know where it is.

③

ホテルを探しています。

⇨「街・路上編」p.34

④

I don't know which train to take.

〈電車〉どれに乗ったらいいか、わかりません。

⇨「交通編」p.42

⑤

I don't know how to use this machine.

これ（券売機など）の使い方が
わかりません。
⇨ 「I'll ~ .」 p.26

⑥

I don't know how to get to my destination.

目的地にどう行けばいいか、わかりません。
⇨ 「交通編」 p.40

7

I don't know where the thing I'm looking for is located.

探しているものがどこにあるか、
わかりません。
⇨「ショッピング」p.106

8

I want to ride that, but I don't know what to do.

あれに乗りたいけど、どうしたらいいか、
わかりません。
⇨「交通編」p.46

9

I got separated from the others.

連れの者とはぐれました。
⇨「〜したほうが
いいですよ」p.22

⑩

I was just thinking about where to go next.

観光で日本に滞在中で、これからどこに
行くか、考えているところです。
⇨ 「観光編」 p.122

⑪

I don't feel well.

体の具合がよくありません。
⇨ 「トラブル編」 p.162

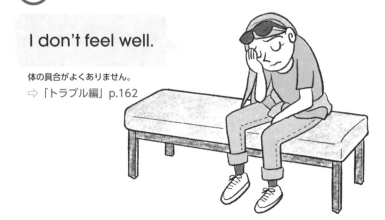

⑫

One member of our group doesn't feel well.

仲間の具合がよくありません。
⇨「トラブル編」p.166

⑬

I've lost something.

物をなくして困っています。
⇨「トラブル編」p.170

⑭

I'm OK.
No problem.

大丈夫です。問題ありません。

本書の使い方

●シーンタイトル

場面およびそこで
話す内容について
の見出しです。具
体的にイメージし
ながら読むのがお
すすめ！

無料でダウンロードできる音声
のトラックナンバーです。耳か
らも吸収しましょう！

 店を探す

DL-27

おすすめの飲食店を案内する

焼肉屋はどうですか？
ハウ　アバウト　ア　ヤキニク　レストラン
How about a yakiniku restaurant?

●メインフレーズ

10パターンのい
ずれかを使った
メインフレーズで
す。まずは、これ
を声に出して言っ
てみましょう。

寿司屋　ア　スシ　レストラン
a sushi restaurant

回転寿司店　ア コンヴェヤー ベルト スシ　レストラン
a conveyor belt sushi restaurant

ファミリーレストラン
ア ファミリー　レストラン
a family restaurant /
ア カジュアル チェイン　レストラン
a casual chain restaurant

ファストフード店
ア ファスト フード　レストラン
a fast-food restaurant

写真やイラストを示
しながら話すと、よ
り通じやすく、コ
ミュニケーションが
楽しくなります。

カフェ　ア カフェ
a cafe

フードコート

●写真やイラストも効果的に！

14

【ダウンロード音声の内容】

●基本の10パターン：日本語⇒英語⇒リピートポーズ（言う練習）
●場面別会話：メインフレーズの日本語⇒英語⇒入れ替え単語の日本語⇒英語
●プラス・アルファの会話：日本語⇒英語⇒リピートポーズ（言う練習）
●単語リスト：日本語⇒英語⇒英語（2回読み）

●カタカナ読みで発音ガイド

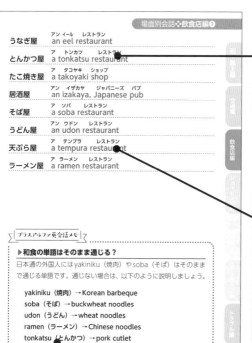

場面別会話❖飲食店編❶

うなぎ屋	アン イール レストラン an eel restaurant
とんかつ屋	ア トンカツ レストラン a tonkatsu restaurant
たこ焼き屋	ア タコヤキ ショップ a takoyaki shop
居酒屋	アン イザカヤ ジャパニーズ パブ an izakaya, Japanese pub
そば屋	ア ソバ レストラン a soba restaurant
うどん屋	アン ウドン レストラン an udon restaurant
天ぷら屋	ア テンプラ レストラン a tempura restaurant
ラーメン屋	ア ラーメン レストラン a ramen restaurant

英語にはすべてカタカナをふってあるので、発音に自信がない人でも安心です！

●文の一部を入れ替えるだけで、どんどん言えるようになる

メインフレーズ内の赤文字部分を入れ替えて言ってみましょう。（会話本番の際に緊張してしまったら、とりあえず写真やイラストを指さすだけでもOK！）

プラス・アルファ英会話メモ

▶和食の単語はそのまま通じる？
日本通の外国人にはyakiniku（焼肉）やsoba（そば）はそのままで通じる単語です。通じない場合は、以下のように説明しましょう。

yakiniku（焼肉）→ Korean barbeque
soba（そば）→ buckwheat noodles
udon（うどん）→ wheat noodles
ramen（ラーメン）→ Chinese noodles
tonkatsu（とんかつ）→ pork cutlet
takoyaki（たこ焼き）→ octopus balls

59

日本固有の単語には英語の言い換え例も紹介！

●英語でカンタン説明

音声ダウンロードの方法

STEP 1 商品ページにアクセス！　方法は次の3通り！

1
QRコードを読み取ってアクセス。

ダイレクトにアクセス!

2
https://www.jresearch.co.jp/book/b577433.html を入力してアクセス。

ダイレクトにアクセス!

3
Jリサーチ出版のホームページ（https://www.jresearch.co.jp/）にアクセスして、「キーワード」に書籍名を入れて検索。

ホームページから商品ページへ

STEP 2 ページ内にある「音声ダウンロード」ボタンをクリック！

STEP 3 ユーザー名「1001」、パスワード「25175」を入力！

STEP 4 音声の利用方法は2通り！　学習スタイルに合わせた方法でお聴きください！

1
「音声ファイル一括ダウンロード」より、ファイルをダウンロードして聴く。

2
▶ボタンを押して、その場で再生して聴く。

※ダウンロードした音声ファイルは、パソコンやスマートフォンなどでお聴きいただけます。一括ダウンロードの音声ファイルは .zip 形式で圧縮してあります。解凍してご利用ください。ファイルの解凍がうまくできない場合は、直接の音声再生も可能です。

音声ダウンロードについてのお問合せ先
toiawase@jresearch.co.jp （受付時間：平日9時～18時）

魔法の基本10パターン
＋丸暗記！よく使う定番フレーズ

外国人とのさまざまな会話場面で使える魔法の基本
10パターンを覚えましょう。その場ですぐ言える
ように、覚えるまで何回も大きな声を出して練習し
ましょう。10パターン、ゼッタイモノにすること。
覚える前に次のページに進まないでください。

外国人とのさまざまな交流場面に、魔法の10の表現パターンをフル活用しましょう。例文を声に出してくりかえし読みながら、完全にそらで言えるようになるのがGOALです。

魔法の基本パターン❶
「おすすめする」ときの決まり文句

～はいかがですか？／～はどうですか？
ハウ　アバウト
How about ～？

相手に何かをすすめるときに使える便利なフレーズ。飲食店や土産物店などで、何がいいのか決められない様子の外国人旅行者を見かけたら、この表現を使っておすすめを教えてみましょう。

送迎バスで行ったらどうですか？	ハウ　アバウト　テイキング　ア　シャトル　バス How about taking a shuttle bus?
寿司屋はどうですか？	ハウ　アバウト　ア　スシ　レストラン How about a sushi restaurant?
焼きそばはどうですか？	ハウ　アバウト　フライド　ヌードルズ How about fried noodles?
抹茶アイスはどうですか？	ハウ　アバウト　グリーン　ティー　アイス　クリーム How about green tea ice cream?
扇子はどうですか？	ハウ　アバウト　ア　フォールディング　ファン How about a folding fan?
お椀はいかがですか？	ハウ　アバウト　ア　ウドゥン　ボウル How about a wooden bowl?
お弁当はどうですか？	ハウ　アバウト　ア　ランチ　バクス How about a lunch box?
お化け屋敷はどうですか？	ハウ　アバウト　ア　ホーンティッド　ハウス How about a haunted house?

「～できるとアドバイスする」ときの決まり文句

音声DL DL-03

□□□
～できますよ。
ユー　キャン
You can ～ .

できることを教えるときに使う表現です。どんな交通手段があるか、何が体験できるかなど、幅広い場面に応用できます。日本の習慣に不慣れな旅行者に教えるときなどに使うとよいでしょう。

そこへは歩いて行けますよ。	ユー　キャン　ゴー　ゼア　オン　フット You can go there on foot.
中央線で行けますよ。	ユー　キャン　テイク　ザ　チューオー　ライン You can take the Chuo Line.
それは券売機で買えますよ。	ユー　キャン　バイ (ハ) フロム ア ティケット You can buy it from a ticket マシーン machine.
予約することができますよ。	ユー　キャン　メイク　ア　リザヴェイション You can make a reservation.
試着することができますよ。	ユー　キャン　トライ (ハ) オン You can try it on.
素晴らしい景色を見ることができますよ。	ユー　キャン　エンジョイ　ア　グレイト　ヴュー You can enjoy a great view.
化石を見ることができますよ。	ユー　キャン　スィー　フォッシルズ You can see fossils.
パンフレットを買えますよ。	ユー　キャン　バイ　ア　パンフレット You can buy a pamphlet.

魔法の基本パターン❸
「説明する」ときの決まり文句

□□
□□
（それは）〜です。

It's 〜 .

＊It'sはIt isの短縮形

さまざまな事物をコンパクトに説明できる言い方です。距離や場所を教えるときのほかに、外国人にとって馴染みの薄い食材や料理などを説明するときにも使えます。形容詞をプラスすれば、どんな雰囲気かを伝えることもできます。

歩いて10分です。	*イッツ ア テンミニット ウォーク* **It's a** ten-minute walk.
それは一番前の列です。	*イッツ ザ ファースト ロウ* **It's** the first row.
それはマグロです。	*イッツ トゥナ* **It's** tuna.
それは醤油です。	*イッツ ソイ ソース* **It's** soy sauce.
それは6階です。	*イッツ オン ザ スィックス フロア* **It's** on the sixth floor.
24時間営業です。	*イッツ オゥプン トゥエンティフォー アワーズ ア デイ* **It's** open twenty-four hours a day.
快適です。	*イッツ カンファタブル* **It's** comfortable.
現代美術の美術館です。	*イッツ ア ミューズィアム オヴ コンテンポラリー アート* **It's a** museum of contemporary art.

魔法の基本パターン❹
「〜あると伝える」ときの決まり文句

> **〜があります。**
> ゼア　イズ
> There is 〜 .

何があるのかを伝えるための表現です。相手が探している場所を教えたり、食事や休憩など求めている施設やサービスの存在を伝えたりするときに使います。複数になる場合はThere are 〜 .と言い換えましょう。

あのあたりに交番があります。	ゼア　イズ　ア　ポリス　バクス　ニア　ゼア There is a police box near there.
あと2駅あります。	ゼア　アー　トゥー　モア　ストップス There are two more stops.
マクドナルドがあります。	ゼア　イズ　ア　マクダーナルズ There is a McDonald's.
コンビニがあります。	ゼア　イズ　ア　コンヴィニエンス　ストア There is a convenience store.
半日ツアーがあります。	ゼア　イズ　ア　ハーフデイ　トゥアー There is a half-day tour.
浮世絵の展示があります。	ゼア　イズ　アン　ウキヨエ　イグズィビット There is an Ukiyo-e exhibit.
休憩所があります。	ゼア　イズ　ア　レスト　エリア There is a rest area.
英語の通じるクリニックがあります。	ゼア　イズ　ア　クリニック　ウェア　イングリッシュ　イズ　スポークン There is a clinic where English is spoken.

21

「何かをすすめる」ときの決まり文句

～したほうがいいですよ。
You should ～ .
ユー　シュッド

❷（You can ～ .）ができることを教えるフレーズだったのと比べると、こちらは、よりおすすめの気持ちを込めた表現になります。日本滞在中にぜひ訪れてほしい場所や体験してもらいたいことなども、この言い方で伝えてみましょう。

地下鉄で行ったほうがいいですよ。	ユー　シュッド　テイク ア サブウェイ **You should** take a subway.
観光案内所で聞いたほうがいい。ですよ。	ユー　シュッド　アスク アット ア トゥーリスト **You should** ask at a tourist インフォメイション センター information center.
地図をもらったほうがいいですよ。	ユー　シュッド　ゲット ア マップ **You should** get a map.
店員に聞くといいですよ。	ユー　シュッド　アスク ザ ストア スタッフ **You should** ask the store staff.
ショッピングカートを使うといいですよ。	ユー　シュッド　ユーズ ア ショッピング **You should** use a shopping カート cart.
富士山に登ったほうがいいですよ。	ユー　シュッド　クライム マウント フジ **You should** climb Mount Fuji.
相撲を見に行ったほうがいいですよ。	ユー　シュッド　ゴー トゥ スィー スモウ **You should** go to see sumo.
病院に行ったほうがいいですよ。	ユー　シュッド　ゴー トゥ ア ハスピタル **You should** go to a hospital.

魔法の基本パターン❻
「相手の状況を確認する」ときの決まり文句

音声 DL DL-07

（あなたは）〜ですか？
アー　ユー
Are you 〜 ?

相手の状況について尋ねるときの言い方。困っていたり、道に迷っていたり、具合が悪そうだったり、そんな様子のときにはこのフレーズで声をかけてみましょう。何に興味があるのかを尋ねるときにも使えます。

迷いましたか？	アー　ユー　ロスト Are you lost?
何かお探しですか？	アー　ユー　ルッキング フォー　サムシング Are you looking for something?
旅行者ですか？	アー　ユー　ア トゥーリスト Are you a tourist?
Lサイズを探していますか？	アー　ユー　ルッキング フォー イット イン ラージ Are you looking for it in large?
神社に興味はありますか？	アー　ユー　インタレスティッド イン シュラインズ Are you interested in shrines?
パレードに興味はありますか？	アー　ユー　インタレスティッド イン ア パレィド Are you interested in a parade?
気分が悪いですか？	アー　ユー　スィック Are you sick?
問題がありますか？	アー　ユー　イン トラブル Are you in trouble?

～を持っていますか？／～がありますか？
ドゥ ユー ハヴ
Do you have ～?

持っているかどうかを尋ねるときの表現です。その場で必要になるものを所持しているかどうか確認するときに使えるほか、飲食店でメニューを決める前にアレルギーがないかどうかを聞くときにも便利です。

電車の路線図を持っていますか？	ドゥ ユー ハヴ ア トレイン ルート マップ Do you have a train route map?
時刻表を持っていますか？	ドゥ ユー ハヴ ア タイムテイブル Do you have a timetable?
牛乳アレルギーがありますか？	ドゥ ユー ハヴ ア ミルク アレジィ Do you have a milk allergy?
レシートを持っていますか？	ドゥ ユー ハヴ ア レスィート Do you have a receipt?
身分証明書を持っていますか？	ドゥ ユー ハヴ サム アイディー Do you have some ID?
駐車券を持っていますか？	ドゥ ユー ハヴ ア パーキング ティケット Do you have a parking ticket?
頭痛がありますか？	ドゥ ユー ハヴ ア ヘッドエイク Do you have a headache?
保険証を持っていますか？	ドゥ ユー ハヴ アン インシュアランス カード Do you have an insurance card?

魔法の基本パターン❽
「好きかどうか確認する」ときの決まり文句

～は好きですか？

ドゥ ユー ライク
Do you like ～?

相手の好みを聞くフレーズです。おすすめについて聞かれたとき
など、どんなものが好きなのか、どんな場所に行きたいのかをこ
の言い方で先に確認しておくと、その後の会話もスムーズに進み
ます。

甘いものは好きですか？	ドゥ ユー ライク スウィーツ Do you like sweets?
明るい色は好きですか？	ドゥ ユー ライク ブライト カラーズ Do you like bright colors?
水族館は好きですか？	ドゥ ユー ライク アクアリウムズ Do you like aquariums?
美術館は好きですか？	ドゥ ユー ライク アート ミューズィアムズ Do you like art museums?
スリルのあるアトラクション は好きですか？	ドゥ ユー ライク スリリング アトラクションズ Do you like thrilling attractions?
テニスは好きですか？	ドゥ ユー ライク テニス Do you like tennis?
ミュージカルは好きですか？	ドゥ ユー ライク ミュージカルズ Do you like musicals?
花火大会は好きですか？	ドゥ ユー ライク ファイヤワークス ディスプレイズ Do you like fireworks displays?

「手助けを申し出る」ときの決まり文句

音声
DL DL-10

（私が）～しましょう。

I'll ～ .

* I'llはI willの短縮形

実際に相手を手助けするときに使う表現です。場所がわからない、使い方がわからない、具合が悪いなど、困っている人を見かけて手助けをするときは、この言い方で声をかけましょう。

そこまでお連れしましょう。	アイル テイク ユー ゼア I'll take you there.
誰かに聞いてみましょう。	アイル アスク サムワン I'll ask someone.
スマホで調べましょう。	アイル チェック イット オン マイ スマートフォン I'll check it on my smartphone.
地図を描きましょう。	アイル ドゥロウ ユー ア マップ I'll draw you a map.
やり方を見せましょう。	アイル ショウ ユー ハウ トゥ ドゥ イット I'll show you how to do it.
病院に案内しましょう。	アイル テイク ユー トゥ ア ハスピタル I'll take you to a hospital.
タクシーを呼びましょう。	アイル コール ア タクスィ I'll call a taxi.
荷物を運びましょう。	アイル キャリー ユア バッグ I'll carry your bag.

魔法の基本パターン❿

「〜はできないと伝える」ときの決まり文句

〜できません。

ユー　キャント
You can't 〜 .

＊ can't は can not の短縮形

日本人なら当然のようにわかっていることでも、外国人旅行者にとってはなじみのない習慣かもしれません。間違ったことをしていると思ったら、できないことを伝えるこの表現で注意を促しましょう。

触ることはできません。	ユー　キャント　タッチ　ゼム **You can't** touch them.
袋を開けてはいけません。	ユー　キャント　オゥプン　ザ　バッグ **You can't** open the bag.
列に割り込むことはできません。	ユー　キャント　カット　イン　ライン **You can't** cut in line.
返品はできません。	ユー　キャント　リターン　ディス **You can't** return this.
写真を撮ることはできません。	ユー　キャント　テイク　ピクチャーズ **You can't** take pictures.
靴を履くことはできません。	ユー　キャント　ウェア　シューズ **You can't** wear shoes.
録音録画をすることはできません。	ユー　キャント　レコード　オーディオ　オア　ヴィデオ **You can't** record audio or video.
食べ物や飲み物を持ち込むことはできません。	ユー　キャント　ブリング　イン　フード　オア　ドゥリンク **You can't** bring in food or drink.

便利な言い方

あいさつ言葉＆お決まりフレーズ

あいさつのときに使う言葉やお決まりのフレーズは、そのまま丸暗記しましょう。外国人との別れ際に使いたい表現も覚えておくと重宝します。

あいさつ ••••••••••••••••••••••••••••••••••••••

Hello.　こんにちは。

Good morning.　おはようございます。

Good afternoon.　こんにちは。

Good evening.　こんばんは。

Good night.　おやすみなさい。

Nice to meet you.　はじめまして。

How are you? お元気ですか？

お決まりフレーズ ••••••••••••••••••••••••••••••

Thank you.　ありがとう。

Excuse me.　すみません。

I'm sorry.　ごめんなさい。

I don't know.　わかりません。

Just a moment.　ちょっと待って
　　　　　　　　　ください。

No problem.　大丈夫ですよ。

Sure.　了解。／もちろん。

別れ際に ••••••••••••••••••••••••••••••••••••••

Nice talking　お話しできて
with you.　　よかったです。

Have a nice day.　よい一日を。

Good luck.　幸運を。

Take care.　お気をつけて。

Have fun.　楽しんで。

Enjoy your stay.　滞在を楽しんで。

Enjoy your trip.　楽しい旅行を。

Have a safe trip.　安全な旅を。

See you again.　また会いましょう。

Bye.　さようなら。

街・路上編

DOWNTOWN / STREET

外国人から話しかけられるとしたら、街中にいたり道を歩いたりしているときが一番多いのかもしれません。目的地が見つからない、方向がわからないなど、困っている姿を見かけたら、ぜひ手助けしてあげたいですね。そんな場面で役立つ表現を紹介します。

街・路上で

 音声DL DL-13

場所について、どのあたりかを教える

あのあたりに**公園**があります。

ゼア　イズ　ア　パーク　ニア　ゼア
There is <u>a park</u> near there.

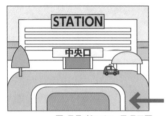

駅前広場　ア ステイション スクエア
a station square

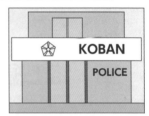

交番　ア ポリス バクス
a police box

郵便局　ア ポスト オフィス
a post office

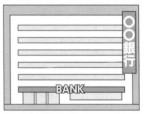

銀行　ア バンク
a bank

ネットカフェ
アン インターネット カフェ
an internet cafe

レストラン街
ア レストラン ディストゥリクト
a restaurant district

街・路上編

図書館 ア ライブラリィ a library

教会 ア チャーチ a church

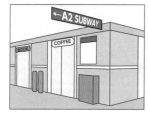

地下街
アン アンダーグラウンド ショッピング モール
an underground shopping mall

ゲームセンター
アン アミューズメント アーケイド
an amusement arcade

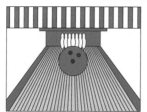

ボウリング場
ア ボウリング アレィ
a bowling alley

銭湯
セントー ア パブリック バス
sento, a public bath

交通編

飲食編

ショッピング編

トラブル編

交通手段を教える

そこへは**歩いて**行けますよ。
ユー　キャン　ゴー　ゼア　オン　フット
You can go there on foot.

バイ タクスィ
タクシーで　by taxi

バイ バス
バスで　by bus

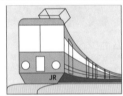

バイジェイアーライン
JRで　by JR Line

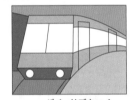

バイ サブウェイ
地下鉄で　by subway

バイ ワラ バス
水上バスで　by water bus

バイ フェリー
フェリーで　by ferry

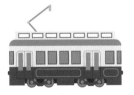

バイ ストリートカー
路面電車で　by streetcar

2階建てバスで
バイ　ダブルデッカー　バス
by double-decker bus

32

距離について説明する

歩いて**10分**です。
イッツ ア テンミニット ウォーク
It's a ten-minute walk.

この近く	ニア ヒア near here
すぐそこ	ライト ゼア right there
100メートル先	ア ハンドレッド ミーターズ アヘッド a hundred meters ahead
歩くと遠い	ア ロング ウェイ トゥ ウォーク a long way to walk
かなり遠い	トゥー ファー too far
車で5分	ア ファイヴミニット ドライヴ a five-minute drive
バスで30分	ア ハーフ アン アワー バイ バス a half an hour by bus

プラスアルファ英会話メモ

▶方向を伝える

進む方向を説明するときは、以下のように言いましょう。

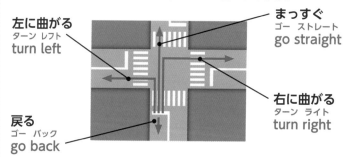

左に曲がる
ターン レフト
turn left

まっすぐ
ゴー ストレート
go straight

右に曲がる
ターン ライト
turn right

戻る
ゴー バック
go back

位置を説明する

それはあなたの**右側**にありますよ。

イッツ　オン　ユア　ライト
It's on your right.

あなたの左側	オン　ユア　レフト on your left
あの先	オヴァ　ゼア over there
その角	アラウンド　ザ　コーナー around the corner

[道を渡った向かい側]

道の反対側	アクロス　ザ　ストリート across the street
あのビルの横	ネクスト　トゥ　ザット　ビルディング next to that building
駅の反対側	オポジット　サイド　オヴ　ザ　ステイション opposite side of the station
ホテルの裏	ビハインド　ザ　ホゥテル behind the hotel
スターバックスの前	アクロス　フロム　ザ　スターバックス across from the Starbucks
通りの突き当り	アット　ジ　エンド　オヴ　ザ　ストリート at the end of the street

プラスアルファ英会話メモ

▶落とし物を知らせる

外国人が何か落としたのを見かけたら、落とし物を拾って手渡す場合は **Is this yours?**（これ、あなたのですか？）、物を落としたことを伝えるなら **You dropped something.**（何か落ちましたよ）と言って知らせましょう。

街・路上編

時間を伝える

9時です。
イッツ　　　ナイン　　　オクロック
It's nine o'clock.

テン　サーティ
10時30分 ten thirty

アバウト　イレヴン
だいたい11時 about eleven

ヌーン
昼の12時 noon

テン　トゥ　トゥー
1時50分 ten to two

ファイヴ　パスト　スリー
3時5分 five past three

クォーター　トゥ　セヴン
6時45分（7時15分前） quarter to seven

プラスアルファ英会話メモ

▶バスの時間を教える

バス停でバスを待っているとき、外国人旅行者にバスの時間を聞かれ
たら、**It comes at five twenty-eight.**（5時28分に来ます）のよう
に言ってみましょう。遅れている場合には **The bus doesn't come
on time.**（時間通りには来ません）と付け加えるといいでしょう。

歩道橋
ペデストリアン
pedestrian
ブリッジ
bridge

街灯
ストリート ランプ
street lamp

信号 トゥラフィック ライト traffic light

交差点
インターセクション
intersection

歩道
サイドウォーク
sidewalk

横断歩道
クロスウォーク
crosswalk

地下鉄口
サブウェイ エントランス
subway entrance

ガソリンスタンド　ガス　ステイション gas station

自動販売機　ヴェンディング vending マシーン machine

ポスト　メイルバクス mailbox

駐車場　パーキング　ロット parking lot

バス停　バス　ストップ bus stop

タクシー乗り場　タクスィ　スタンド taxi stand

噴水　ファウンテイン fountain

これからしてあげることを伝える

そこまでお連れしましょう。

アイル テイク ユー ゼア
I'll take you there.

この地図で説明する	ショウ ユー オン ディス マップ show you on this map
誰かに聞いてみる	アスク サムワン ask someone
交番で聞いてみる	アスク アット ザ ポリス バクス ask at the police box
スマホで調べる	チェック イット オン マイ スマートフォン check it on my smartphone
地図を描く	ドゥロウ ユー ア マップ draw you a map

困っている人に声をかける

迷いましたか？

アー ユー ロスト
Are you lost?

大丈夫ですか	オーケイ OK
何かお探しですか	ルッキング フォー サムシング looking for something
何かお困りですか	ハヴィング エニー トラブル having any trouble

交通編

TRAFFIC

駅やバスターミナル、また、さまざまな乗り物の中で、多くの外国人を見かけるようになりました。そうした場で私たちに尋ね、求めてくるのは、外国人にとって、とても重要な情報のはず。素早く的確に答えたいものですね。ここでは、そんなときに役立つ表現を紹介していきます。

駅・バスターミナルで

 音声DL DL-18

目的地や条件に合った交通手段を案内する

電車で行ったほうがいいですよ。
ユー　シュッド　テイク　ア　トレイン
You should take a train.

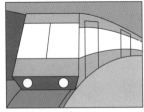

ア　サブウェイ
地下鉄　a subway

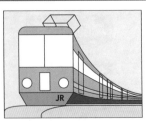

ザ　ジェイアール　ライン
JR　the JR Line

ア　バス
バス　a bus

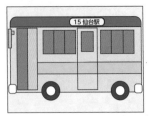

ア　フィクスト　ルート　バス
路線バス　a fixed route bus

ア　タクスィ
タクシー　a taxi

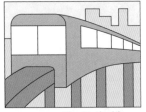

ア　モノレイル
モノレール　a monorail

目的地や条件に合った交通手段を提案する

寝台特急で行ったらどうですか？

ハウ　　アバウト　　テイキング　ア　スリーパー　　リミテッド
How about taking a sleeper limited

エクスプレス
express?

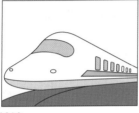

新幹線
シンカンセン　　ア　ブレット　トレイン
Shinkansen / a bullet train

リムジンバス
アン　エアポート　シャトル　バス
an airport shuttle bus

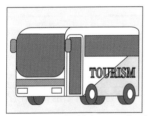

観光バス
ア　サイトスィーング　バス
a sightseeing bus

送迎バス
ア　シャトル　バス
a shuttle bus

夜行バス
ア　ナイト　バス
a night bus

レンタカー
ア　レンタル　カー
a rental car

街・路上編

交通編

飲食店編

ショッピング編

アミューズメント編

トラブル編

音声DL DL-19

目的地までどの路線で行けばいいか、案内する

中央線で行けますよ。
ユー　キャン　テイク　ザ　チューオー　ライン
You can take the Chuo Line.

小田急線　　ジ　オダキュー　ライン
the Odakyu Line

＊〜線：the ＋路線名＋ Line

渋谷行きのバス　ザ　バス　トゥ　シブヤ
the bus to Shibuya

＊〜行きのバス：the bus to ＋目的地名

ここがポイント！
固有名詞はゆっくりはっきり言うようにしよう。

覚えよう！
○○線→the ○○ Line
例　銀座線→the Ginza Line
　　環状線→the Kanjo Line

╭─ プラスアルファ英会話メモ ─╮

▶乗り換えについて聞かれたら

電車内で乗り換えについて聞かれたら、**Get off this train at Shinbashi and change to the Yamanote Line.** （新橋で降りて、山手線に乗り換えてください）のように、乗り換えのために下車する駅名と乗り換える路線名を教えましょう。

同じ路線でも、各駅停車（**local train**）、快速（**rapid train**）、急行（**express train**）、特急（**limited express train**）に乗り換える必要がある場合は、路線名ではなく、これらの電車の種類を言いましょう。乗り換えについての情報は素早く的確に伝えなければなりませんが、慌てないようにしたいものですね。

相手が持っている交通機関の情報を確認する

電車の路線図を持っていますか？
ドゥ ユー ハヴ ア トレイン ルート マップ
Do you have a train route map?

地下鉄路線図	ア サブウェイ マップ a subway map
バス路線図	ア バス ルート マップ a bus route map
時刻表	ア タイムテイブル a timetable

> **ここがポイント！**
> □だけで説明しようとせず、なるべく相手が持っている路線図やマップなどを一緒に見ながら説明するようにしよう。

プラスアルファ英会話メモ

▶乗り場について聞かれたら

駅やバスターミナルで、外国人旅行者から乗り場について聞かれたことはありませんか。

駅で、例えば **Where can I get on the Yamanote Line?**（山手線はどこで乗れますか？）と聞かれたら、ただシンプルに **Track three.**（3番線です）と答えればいいでしょう。「～番線」は「track ＋番号」で表現できます。

また、バスターミナルで、例えば **Where can I get on the bus to Shinjuku?**（新宿行きのバスはどこで乗れますか？）と聞かれたら、**Bus stop six.**（6番乗り場です）と答えればいいでしょう。「～番乗り場」は「bus stop ＋番号」で表現することができます。

音声 DL DL-20

駅などで探している場所や物がどこにあるか説明する

それは**あなたの後ろに**ありますよ。
イッツ　ビハインド　ユー
It's behind you.

あなたの前に	イン フロント オヴ ユー in front of you
あなたの右に	オン ユア ライト on your right
あなたの左に	オン ユア レフト on your left
あなたの右斜め前に	イン フロント オヴ ユー オン ユア ライト in front of you on your right
あなたの左斜め前に	イン フロント オヴ ユー オン ユア レフト in front of you on your left
あなたの右斜め後ろに	ビハインド ユー オン ユア ライト behind you on your right
あなたの左斜め後ろに	ビハインド オヴ ユー オン ユア レフト behind of you on your left
改札の横に	ネクスト トゥ ザ ティケット ゲイト next to the ticket gate
ホームに	オン ザ プラットフォーム on the platform
売店に	アット ザ スタンド at the stand
駅ビルに	イン ザ ステイション ビルディング in the station building

> **ここがポイント！**
> That one.（あれですよ）、That white one.（あ
> の白いのですよ）などと指さして教えてあげる
> とわかりやすい。

駅のホームの単語

ステイションネイム　サインボード
station-name signboard

駅名標

駅員
ステイション スタッフ
station staff

山川
YAMAKAWA
← 海人 ┃ 谷川 →

プラットフォーム
ホーム　**platform**

非常ボタン
イマージェンスィー
**emergency
button**
バトゥン

ベンチ
ベンチ　**bench**

売店
キーアスク
kiosk

点字ブロック
バンピー　タイルズ　　イエロゥ　ライン
bumpy tiles / yellow line

階段
ステアーズ
stairs

電光掲示板
エレクトゥリック　ノゥティスボード
electric noticeboard

07:14 快速
国際展示パーク行き

ホームドア
プラットフォーム　ドア
platform door

時計　クロック
clock

乗客
パッセンジャー
passenger

弁当屋
ランチ　バクス　ショップ
lunch box shop

街・路上編

交通編

飲食店編

ショッピング編

トラブル編

45

音声 DL DL-21

普通乗車券があります。
ゼア　イズ　ア　ベイシック　フェア　ティケット
There is <u>a basic fare ticket</u>.

小児普通乗車券　ア　チルドレンズ　ベイシック　フェア　ティケット
a children's basic fare ticket　for elementary school students

特急券（指定席）　ア　リミテッド　エクスプレス　リザーヴド　スィート　ティケット
a limited express reserved seat ticket

特急券（自由席）　ア　リミテッド　エクスプレス　ノンリザーヴド　スィート　ティケット
a limited express non-reserved seat ticket

入場券　アン　アドミッション　ティケット
an admission ticket

回数券　ア　クーポン　ティケット
a coupon ticket

割引券　ア　ディスカウント　ティケット
a discount ticket

周遊券　ア　トゥアー　ティケット
a tour ticket

パスモ　パスモ
PASMO　**スイカ**　スイカ
Suica

＊日本全国の多くの電車・バスなどに使える。
It can be used for many trains, busses, and more around all of Japan.

プラスアルファ英会話メモ

▶外国人旅行者向けの乗車券

外国人旅行者から乗車券について聞かれたら、ぜひ、外国人旅行者向けの乗車券があることを伝えてください。さまざまな鉄道会社からお得な乗車券がいろいろと販売されているので、**You should ask at a tourist information center.** (p.48参照) と言って、必ず観光案内所や駅の窓口で尋ねるようにアドバイスしましょう。

切符やカードを買える場所を伝える

それは**券売機**で買えますよ。
ユー　キャン　バイ　イット　フロム　ア　ティケット　マシーン
You can buy it from a ticket machine.

窓口	ア ティケット カウンター a ticket counter
JRの窓口	ア ジェイアール ティケット カウンター a JR ticket counter
東急線の窓口	ア トーキュー ティケット カウンター a Tokyu ticket counter
みどりの窓口	ミドリ ノ マドグチ Midori-no-Madoguchi, グリーン ウィンドウ ティケット カウンター Green Window ticket counter

＊JRの切符を買うためのサービス窓口。
A service window used for buying JR tickets.

プラスアルファ英会話メモ

▶**自分もよく知らないときは**

距離や行き方などを聞かれたとき、自分も詳しくなくて教えられない場合には**I'm a stranger here.**（この辺りはよく知らないです）と言いましょう。それでも手助けしたいと思ったら、p.38の「案内する・聞く・調べる」にある表現を使って、誰かに聞いたり、調べたりすることを提案してみてはいかがでしょうか。

街・路上編

交通編

飲食店編

ショッピング編

トラブル編

音声DL DL-22

観光情報が得られる場所を伝える

観光案内所で聞いたほうがいいですよ。
ユー　シュッド　アスク　アット　ア　トゥーリスト
You should ask at a tourist
インフォメイション　　センター
information center.

| ツアーデスク | ア トゥアー デスク
a tour desk |
| 旅行代理店 | ア トラベル エイジェンスィー
a travel agency |

観光情報が得られるツールについて助言する

地図をもらったほうがいいですよ。
ユー　シュッド　ゲット　ア　マップ
You should get a map.

市内地図	ア シティ マップ a city map
道路地図	ア ロード マップ a road map
路線図	ア ルート マップ a route map
街路図	ア ストリート マップ a street map
観光地図	ア トゥーリスト マップ a tourist map
パンフレット	ア パンフレット　ア プロシュアー a pamphlet / a brochure

48

駅のサービスを教える

コインロッカーを使うことができますよ。
ユー キャン ユーズ ア コイン ロッカー
You can use a coin locker.

自転車を借りる
レント ア バイシクル
rent a bicycle

車いすを借りる
レント ア ウィールチェアー
rent a wheelchair

手荷物預かり所を使う
ユーズ ア バギッジ ルーム
use a baggage room

車を借りる　レント ア カー
rent a car

ベビーカーを借りる　レント ア バギー
rent a buggy

49

こちらに行ったほうがいいですよ。
ユー　　シュッド　　ゴー　ディス　ウェイ
You should go this way.

あちら／そちらに行く	ゴー ザット ウェイ go that way
この方向に行く	ゴー イン ディス ディレクション go in this direction
あの方向／その方向に行く	ゴー イン ザット ディレクション go in that direction
この階段を行く	テイク ディーズ ステアーズ take these stairs
あの階段／その階段を行く	テイク ゾーズ ステアーズ take those stairs
東口へ行く	ゴー トゥ ジ イースト エグジット　エントランス go to the east exit / entrance
西口へ行く	ゴー トゥ ザ ウエスト エグジット　エントランス go to the west exit / entrance
南口へ行く	ゴー トゥ ザ サウス エグジット　エントランス go to the south exit /entrance
北口へ行く	ゴー トゥ ザ ノース エグジット　エントランス go to the north exit / entrance
中央口へ行く	ゴー トゥ ザ セントラル エグジット　エントランス go to the central exit / entrance

＊出口を教える場合はexit、入口を教える場合にはentranceと使い分ける。

車内で

音声DL
DL-23

目的地の駅まであと何駅あるかを伝える

あと2駅あります。
ゼア　アー　トゥー　モア　ストップス
There are two more stops.

あと5駅　ファイヴ　モア　ストップス
five more stops

あと1駅　ゼア　イズ　ワン　モア　ストップ
(There is) one more stop

━━━━ プラスアルファ英会話メモ ━━━━

▶降りたい駅について教える

電車に乗っているとき、おしゃべりに夢中になったり、ウトウトしたりして、今どこを走っているのかわからなくなってしまうことがありますよね。そんな様子の外国人旅行者から降りたい駅について聞かれたとします。降りたい駅をすでに通過してしまっていた場合、1駅前なら one station before と言うことができます。

また、降りたい駅までの時間を聞かれたら、It takes thirty minutes.（30分かかります）のように It takes 〜 . を使って答えると便利です。1分なら one minute、30分なら half an hour、1時間なら one hour、1時間半なら an hour and a half、2時間なら two hours と言い換えましょう。

それは**一番前の列**です。
<ruby>It's<rt>イッツ</rt></ruby> <ruby>the<rt>ザ</rt></ruby> <ruby>first<rt>ファースト</rt></ruby> <ruby>row<rt>ロウ</rt></ruby>.

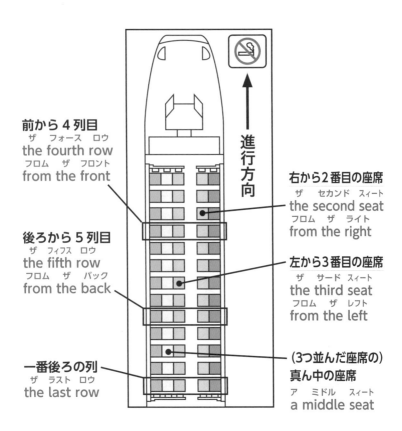

前から4列目
the fourth row (ザ フォース ロウ)
from the front (フロム ザ フロント)

後ろから5列目
the fifth row (ザ フィフス ロウ)
from the back (フロム ザ バック)

一番後ろの列
the last row (ザ ラスト ロウ)

進行方向

右から2番目の座席
the second seat (ザ セカンド スィート)
from the right (フロム ザ ライト)

左から3番目の座席
the third seat (ザ サード スィート)
from the left (フロム ザ レフト)

（3つ並んだ座席の）真ん中の座席
a middle seat (ア ミドル スィート)

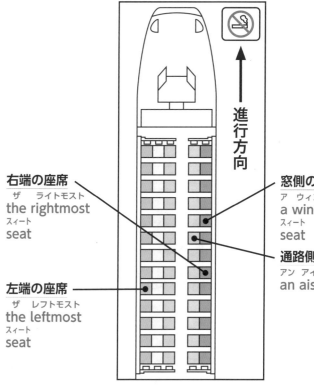

右端の座席
ザ　ライトモスト
the rightmost
スィート
seat

左端の座席
ザ　レフトモスト
the leftmost
スィート
seat

窓側の座席
ア　ウィンドウ
a window
スィート
seat

通路側の座席
アン　アイル　スィート
an aisle seat

進行方向

3両目　ザ　サード　カー
the third car

3号車　カー　スリー
car three

禁煙車　ノンスモーキング　カー
non-smoking car

グリーン車　グリーン　カー　ファースト　クラス　カー
green car / first class car

3号車の端　ジ　エンド　オヴ　カー　スリー
the end of car three

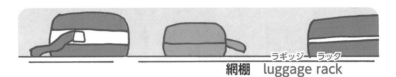

網棚 ─ ラギッジ　ラック
luggage rack

座席を戻す
プット　ザ　スィート　バック
put the seat back

(背もたれの後ろに付いている)テーブルを出す
プル　ダウン　ザ
pull down the
トレイ
tray

座席を倒す
リクライン　ザ　スィート
recline the seat

テーブルを戻す
プッシュ　バック　ザ　トレイ
push back the tray

バスの車内で使われる単語・表現

降車ボタン
ストップ バトゥン
stop button

おゆずりください
優先席
Priority Seat

優先席
プライオリティ スィート
priority seat

つり革
ストラップ
strap

手すり
ハンドレイル
handrail

⚠ 段差に注意

⚠ 段差に注意

ウォッチ ユア ステップ
Watch Your Step

お役立ち単語

出発時間 ディパーチャー タイム departure time	**エスカレーター** エスカレイター escalator
到着時間 アライヴァル タイム arrival time	**エレベーター** エレヴェイター elevator
出発駅 ディパーチャー ステイション departure station	**非常口** エマージェンスィー エグジット emergency exit
到着駅 アライヴァル ステイション arrival station	**タクシー運転手** タクスィ ドライヴァー taxi driver
始発電車 ファースト トレイン first train	**バスの運転手** バス ドライヴァー bus driver
終電 ラスト トレイン last train	**電車の運転士** トレイン ドライヴァー train driver
始発駅 スターティング ステイション starting station	**車掌** コンダクター conductor
終着駅 ターミナル ステイション terminal station	**バスガイド** バス トゥアー ガイド bus tour guide
最寄り駅 ザ クローセスト the closest ステイション station	**売り子** ヴェンダー vendor
目的地 デスティネイション destination	**停車駅・停留所** ステイション station / ストップ stop
終点 ファイナル ストップ final stop	**バス停** バス ストップ bus stop
案内板 インフォメイション ボード information board	**トンネル** タナル tunnel
待合室 ウェイティング ルーム waiting room	**踏切** レイルロード クロッスィング railroad crossing
運賃表示器 フェア ディスプレイ fare display	**鉄橋** レイルロード ブリッジ railroad bridge

飲食店編

RESTAURANT

旅の楽しみは食事！という人も多いですよね。近年はラーメンや回転寿司の食べ歩きを目的に日本を訪れる旅行者もいて、より詳しい情報が求められています。日本ならではのファストフードやレストランをはじめ、和の食材や食べ方、マナーなどにまつわる英語を紹介しましょう。

店を探す

音声DL
DL-27

おすすめの飲食店を案内する

焼肉屋はどうですか？
ハウ　アバウト　ア　ヤキニク　レストラン
How about a yakiniku restaurant?

寿司屋　ア スシ レストラン　a sushi restaurant

回転寿司店
ア コンヴェヤー ベルト スシ レストラン
a conveyor belt sushi restaurant

ファミリーレストラン
ア ファミリー レストラン
a family restaurant /
ア カジュアル チェイン レストラン
a casual chain restaurant

ファストフード店
ア ファストフード レストラン
a fast-food restaurant

フードコート　ア フード コウト　a food court

カフェ　ア カフェ　a cafe

うなぎ屋	アン イール レストラン an eel restaurant
とんかつ屋	ア トンカツ レストラン a tonkatsu restaurant
たこ焼き屋	ア タコヤキ ショップ a takoyaki shop
居酒屋	アン イザカヤ ジャパニーズ パブ an izakaya, Japanese pub
そば屋	ア ソバ レストラン a soba restaurant
うどん屋	アン ウドン レストラン an udon restaurant
天ぷら屋	ア テンプラ レストラン a tempura restaurant
ラーメン屋	ア ラーメン レストラン a ramen restaurant

プラスアルファ英会話メモ

▶和食の単語はそのまま通じる？

日本通の外国人にはyakiniku（焼肉）やsoba（そば）はそのまま
で通じる単語です。通じない場合は、以下のように説明しましょう。

yakiniku（焼肉）→ Korean barbeque

soba（そば）→ buckwheat noodles

udon（うどん）→ wheat noodles

ramen（ラーメン）→ Chinese noodles

tonkatsu（とんかつ）→ pork cutlet

takoyaki（たこ焼き）→ octopus balls

近くにあるファストフード店を伝える

マクドナルドがあります。
ゼア イズ ア マクダーナルズ
There is a McDonald's.

ケンタッキーフライドチキン	ア ケンタッキー フライド チキン a Kentucky Fried Chicken
ロッテリア	ア ロッテリア a Lotteria
モスバーガー	ア モスバーガー a MOS Burger
フレッシュネスバーガー	ア フレッシュネス バーガー a Freshness Burger
ファーストキッチン	ア ファースト キッチン a First Kitchen
サブウェイ	ア サブウェイ a Subway

プラスアルファ英会話メモ

▶日本のファストフード店を説明しよう！

早い！安い！旨い！がそろった和風ファストフードに興味のある旅行者も多いはず。そんなときは、次のように紹介するといいですよ。

吉野家　Yoshinoya, beef bowl restaurant

なか卯　Nakau, Japanese rice bowls and udon restaurant

富士そば　Fujisoba, soba and udon restaurant

丸亀製麺　Marugame-Seimen, udon restaurant

CoCo壱番屋　CoCo Ichibanya, curry restaurant

リンガーハット　Ringer-Hut, local ramen "champon" restaurant

餃子の王将　Gyoza Ohsho, Chinese restaurant

築地銀だこ　Tsukiji Gindaco, takoyaki shop

近くにあるファミリーレストランを伝える

デニーズがあります。
There is a Denny's.
ゼア　イズ　ア　デニーズ

ガスト	ア　ガスト　ウェスタン　アンド　ジャパニーズ　フード　レストラン a Gusto, Western and Japanese food restaurant
サイゼリア	ア　サイゼリア　イタリアン　レストラン a Saizeriya, Italian restaurant
ジョナサン	ア　ジョナサン　ウェスタン　フード　レストラン a Jonathan, Western food restaurant
ロイヤルホスト	ア　ロイヤル　ホスト　ウェスタン　フード　レストラン a Royal Host, Western food restaurant
バーミヤン	ア　バーミヤン　チャイニーズ　レストラン a Bamiyan, Chinese restaurant
びっくりドンキー	ア　ビックリ　ドンキー　ハンバーグ　ステーキ　スペシャルティ　レストラン a Bikkuri Donkey, hamburg steak specialty restaurant
ジョリーパスタ	ア　ジョリー　パスタ　パスタ　スペシャルティ　レストラン a Jolly Pasta, pasta specialty restaurant
夢庵	ア　ユメアン　ジャパニーズ　レストラン a Yumean, Japanese restaurant

 飲食店で

音声DL
DL-29

食品アレルギーがないか確認する

牛乳アレルギーがありますか？
ドゥ ユー ハヴ ア ミルク アレジィ
Do you have a milk allergy?

アン エッグ
卵　an egg

ア ウィート
小麦　a wheat

こうかくるい ア シェルフィッシュ
甲殻類　a shellfish

ア バックウィート
そば　a buckwheat

らっかせい ア ピーナット
落花生　a peanut

ア ウォルナット
くるみ　a walnut

ごま _{ア　セサミ} a sesame

ごま
ア　セサミ
a sesame

大豆
ア　ソイビーン
a soybean

オレンジ
アン　オレンジ
an orange

キウイフルーツ
ア　キウィフルート
a kiwifruit

日本固有の食材を紹介する

それは**梅干し**です。
イッツ　ソルティッド　プラム
It's salted plum.

昆布
ケルプ
kelp

豆腐
トウフ
tofu

かつお節
カツオブシ　　　ドライド　ボニート　フレイクス
katsuobushi, dried bonito flakes

こんにゃく
コンニャク　　　　　　　　　ヤム　ケイク
konnyaku (konjak), yam cake

63

納豆
ナットウ　ファーメンティッド　ソイビーンズ
natto, fermented soybeans

シイタケ
シイタケ　マッシュルーム
shiitake mushroom

海苔　スィーウィード
seaweed

ゴボウ　バーダック
burdock

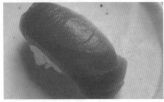 音声DL DL-30

寿司屋で寿司ネタを説明する

それは**サケ**です。
イッツ　サーモン
It's salmon.

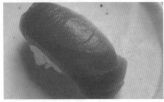

マグロ　トゥナ
tuna

タコ　オクトパス
octopus

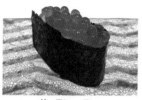

イクラ サーモン ロー salmon roe

ウニ スィー アーチン sea urchin

エビ シュリンプ shrimp

イカ スクウィッド squid

ホタテ スカラップス scallops

赤貝 アーク シェル ark shell

穴子 カンガー イール conger eel

玉子 オムレット omelet

飲食店でテーブルに置いてある調味料を紹介する

それは**しょうゆ**です。
イッツ　ソイ　ソース
It's <u>soy sauce</u>.

ソルト
塩　salt

シュガー
砂糖　sugar

ミソ
みそ　miso

ペパー
こしょう　pepper

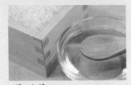

ヴィネガー
酢　vinegar

スウィート　サケ
みりん　sweet sake

わさび
ワサビ　ジャパニーズ　ホースラディッシュ
wasabi, Japanese horseradish

中濃ソース
ヴェジタブル　スウィート　ソース
vegetable sweet sauce

66

からし マスタード mustard

サンショウ サンショー ジャパニーズ ペパー sansho, Japanese pepper

唐辛子 チリ ペパー chili pepper

和食のおすすめメニューを提案する

寿司はどうですか？
ハウ アバウト スシ
How about sushi?

天ぷら テンプラ tempura

すき焼き スキヤキ sukiyaki

うな重
ウナジュー イール ライス ボックス
una-juu, eel rice box

親子丼
オヤコドン チキン アンド エッグ ボウル
oyako-don, chicken and egg bowl

67

天丼
テンドン　　テンプラ　ライス　ボウル
ten-don, tempura rice bowl

かつ丼
カツドン　　ポーク カツレツ ライス ボウル
katsu-don, pork cutlet rice bowl

焼き鳥
ヤキトリ　グリルド　チキン　スキュワーズ
yakitori, grilled chicken skewers

唐揚げ
カラアゲ　　ジャパニーズ フライド　チキン
kara-age, Japanese fried chicken

生姜焼き
ショウガヤキ　ジンジャー　グリルド　ポーク
shogayaki, ginger grilled pork

おでん
オデン　　ジャパニーズ　ホット ポット ステュー
oden, Japanese hot pot stew

お好み焼き
オコノミヤキ　　ジャパニーズ　ピッツァ
okonomiyaki, Japanese pizza

とんかつ
トンカツ　ア　ポーク　カツレツ
tonkatsu, a pork cutlet

居酒屋でおすすめメニューを提案する

たこわさはどうですか？
ハウ　アバウト　オクトパス　ウィズ　ワサビ
How about octopus with wasabi?

もつ煮込み
ジャパニーズ　トライプ　ステュー
Japanese tripe stew

アソーティッド　ロー　フィッシュ
刺身盛り assorted raw fish

ディープフライド　トウフ
厚揚げ deep-fried tofu

枝豆
ボイルド　グリーン　ソイビーンズ
boiled green soybeans

肉じゃが
ニクジャガ　ビーフ　アンド　パテイトウ　ステュー
nikujaga, beef and potato stew

ほうれん草のお浸し
ボイルド　スピナッチ
boiled spinach

街・路上編
交通編
飲食店編
ショッピング編
トラブル編

69

きんぴらゴボウ
キンピラゴボウ
kinpira-gobo

* burdock cooked in soy sauce and sugar

チャワンムシ
茶碗蒸し　chawan-mushi

* savory steamed egg custard

炊き込みご飯
タキコミ　　ライス
takikomi rice,
ジャパニーズ　ミクスド　ライス
Japanese mixed rice

焼きおにぎり
グリルド　ライス　ボール
grilled rice ball

ミソ　スープ
味噌汁　miso soup

ピクルス
漬け物　pickles

居酒屋の単語

音声 DL DL-32

のれん
スリット　カーテン
slit curtain

レジ
キャシャー
cashier

お品書き
メニュー
menu

乾杯！
チアーズ
Cheers!

お品書き

小皿
スモール　プレート
small plate

ビール
ビアー
beer

お通し
スモール　アペタイザー
small appetizer

箸
チョップスティックス
chopsticks

おしぼり
オシボリ
oshibori,
ホット／クール
hot/cool
ハンド　タオル
hand towel

箸置き
チョップスティック
chopstick
レスト
rest

爪楊枝
トゥースピック
toothpick

熱燗
ホット　サケ
hot sake

街・路上編

交通編

飲食店編

ショッピング編

スポーツ・スパ編

トラブル編

71

ハンバーグはどうですか？
ハウ　　　アバウト　　　　　ハンバーグ　　　　ステイク
How about hamburg steak?

コロッケ
クロケット　　フライド　マッシュド　パテイトウ
croquette, fried mashed potato

エビフライ
フライド シュリンプ フライド プローン
fried shrimp, fried prawn

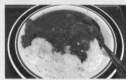

カリー　　アンド　ライス
カレーライス curry and rice

ハヤシライス
ハヤシライス　　ライス ウィズ ハッシュド ビーフ
hayashi rice, rice with hashed beef

オムレット　ライス
オムライス omelette rice

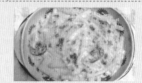

グラトゥン
グラタン gratin

キャベッジ　ロールズ
ロールキャベツ cabbage rolls

スパゲッティ　ナポリターナ
ナポリタン spaghetti napolitana

めん類のおすすめメニューを提案する

しょうゆラーメンはどうですか？
ハウ　アバウト　ショーユ　ラーメン
How about shoyu ramen?

ミソ　ラーメン
みそラーメン　miso ramen

トンコツ　ラーメン
豚骨ラーメン　tonkotsu ramen

つけめん
ツケメン　ディッピング　ヌードルズ
tsukemen, dipping noodles

チャンポン
ちゃんぽん　champon

* local ramen with a variety of ingredients

フライド　ヌードルズ
焼きそば　fried noodles

冷やし中華
チルド　チャイニーズ　ヌードルズ
chilled Chinese noodles

ザル　ソバ
ざるそば　zaru soba

* cold soba noodles served on a tray

テンプラ　ソバ
天ぷらそば　tempura soba

きつねうどん　kitsune udon
キツネ　ウドン

*hot udon noodles with deep-fried tofu

たぬきうどん　tanuki udon
タヌキ　ウドン

*hot udon noodles with deep-fried dough

鍋焼きうどん　nabeyaki
ナベヤキ
ウドン　ウドン　イン ホット ポット
udon, udon in hot pot

カレーうどん　curry udon
カリー　ウドン

もつ鍋はどうですか？

How about motsu-nabe?
ハウ　アバウト　モツナベ

寄せ鍋　yose-nabe
ヨセナベ

*hot pot dish with a variety of ingredients

しゃぶしゃぶ　shabu-shabu
シャブシャブ

プラスアルファ英会話メモ

▶鍋料理を説明しよう！

日本の冬に欠かせない鍋料理。種類が多く、説明するのが難しいジャンルです。まず、鍋料理は **hot pot dishes** と言います。**Nabe is a popular dish in the cold season.**（鍋は寒い季節に人気の料理です）とか、**We put various ingredients in a pot of soup and cook it.**（スープの入った鍋にさまざまな具材を入れて調理します）などと説明しましょう。

スープの味は **soy sauce-based soup**（しょうゆベース）、**chicken broth soup**（鶏だし）、**soy milk-based soup**（豆乳ベース）という言い方でイメージを伝えましょう。

主な鍋の具材は以下の通りです。

　もつ鍋：tripe, leek, cabbage（モツ、ニラ、キャベツ）
　寄せ鍋：seafood, vegetables, tofu（魚介類、野菜、豆腐）
　水炊き：chicken, vegetables, tofu（鶏肉、野菜、豆腐）
　すき焼き：beef, tofu, Japanese leek（牛肉、豆腐、長ネギ）
　キムチ鍋：pork, kimchi, tofu（豚肉、キムチ、豆腐）
　豆乳鍋：pork, vegetables, tofu（豚肉、野菜、豆腐）
　トマト鍋：chicken, sausage, cabbage（鶏肉、ソーセージ、キャベツ）
　湯豆腐：tofu, Chinese cabbage, Japanese leek（豆腐、白菜、長ネギ）
　しゃぶしゃぶ：pork, beef, vegetables（豚肉、牛肉、野菜）
　うどんすき：udon, vegetables, tofu（うどん、野菜、豆腐）

音声DL DL-34

パンケーキはどうですか？
ハウ　アバウト　ア　パンケイク
How about a pancake?

シュークリーム　ア　クリーム　パフ
シュークリーム a cream puff

アン　エクレアー
エクレア an eclair

ショートケーキ
ア　ストロウベリィ　スポンジ　ケイク
a strawberry sponge cake

モンブラン
ア　マーン　ブラン　ア　チェスナット　ケイク
a mont blanc, a chestnut cake

ア　プディング
プリン a pudding

ア　ジェリー
ゼリー a jelly

ダイフク
大福 daifuku

ようかん　ヨーカン　スウィート　ビーン　ジェリー
羊羹 yokan, sweet bean jelly

* rice cake stuffed with sweet bean paste

だんご <ruby>だんご<rt>ダンゴ</rt></ruby> dango

* Japanese sweets dumpling ball

おはぎ <ruby>おはぎ<rt>オハギ</rt></ruby> ohagi

* rice ball coated with sweet bean paste

くずきり
<ruby>くずきり<rt>クズキリ</rt></ruby>,
<ruby>arrowroot starch noodles<rt>アロウルート　スターチ　ヌードルズ</rt></ruby>

かき氷 <ruby>shaved ice<rt>シェイヴド　アイス</rt></ruby>

抹茶アイス
<ruby>green tea ice cream<rt>グリーン　ティー　アイス　クリーム</rt></ruby>

鯛焼き <ruby>taiyaki<rt>タイヤキ</rt></ruby>

* fish-shaped waffle filled with sweet been paste

街・路上編

交通編

飲食店編

ショッピング編

スポット&イベント編

トラブル編

77

コーヒーはどうですか?
ハウ　アバウト　カフィ
How about coffee?

紅茶　ティー
tea

緑茶　グリーン ティー
green tea

タピオカミルクティー
パール　ミルク　ティー
pearl milk tea

フルーツジュース
フルーツ ジュース
fruit juice

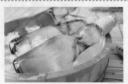

ラムネ　ラムネ　ソーダ　ドゥリンク
ramune soda drink

レモンスカッシュ　レモン　スクァッシュ
lemon squash

甘酒　スウィート　サケ
sweet sake

ワイン　ワイン
wine

78

料理の食べ方を教える

それは**混ぜて**食べます。
ユー　キャン　ミクス　アンド　イートイット
You can mix **and eat it.**

巻いて	ロール イット roll it
しょうゆをつけて	プット ソイ ソース オン イット put soy sauce on it
天つゆをつけて	ディップ イット イン テンツユ ディッピング ソース dip it in tentsuyu, dipping sauce
自分で焼いて	ベイク イット ユアセルフ bake it yourself
だし汁に入れて	プット イット イン ザ スープ ストック put it in the soup stock

プラスアルファ英会話メモ

▶日本ならではの食べ方を説明しよう！

和食は有名になりましたが、日本ならではの食べ方まで知っている外国人旅行者はそう多くないはず。卵かけご飯はしょうゆをかけて混ぜる、すき焼きは生卵につける、そこまではなかなか知らないでしょう。**You can make noise while eating soba.**（そばは音をたてて食べます）と言ったら驚かれてしまうかも！

予約することができますよ。
ユー　キャン　メイク　ア　リザヴェイション
You can make a reservation.

窓際の席をリクエストする	リクエスト ア スィート バイ ジ ウィンドウ request a seat by the window
禁煙席をリクエストする	リクエスト ア ノンスモーキング スィート request a non-smoking seat
持ち帰る	テイク イット アウェイ　ゲット イット トゥ ゴー take it away / get it to go
Wi-Fiを使う	ユーズ ワイファイ use Wi-Fi
クレジットカードを使う	ユーズ ア クレディット カード use a credit card
電子マネーを使う	ユーズ エレクトゥロニック　マネー use electronic money
QRコードを使う	ユーズ ア キューアール コード use a QR code
別々に支払う	ペイ　セパレイトリィ pay separately

プラスアルファ英会話メモ

▶日本の会計について

日本ではまだ現金払いの店が多く、テーブルではなくレジで支払う場合が少なくありません。そんなときは、**You can pay at the cashier.**（会計はレジで支払います）とアドバイスしましょう。お店によっては、**Only cash can be used.**（現金しか使えません）とか、**You can use a debit card.**（デビッドカードが使えます）などと言ってあげると親切ですね。**You don't need to leave a tip in Japan.**（日本ではチップを払う必要はありません）と言うのもお忘れなく！

お役立ち単語

肉類

牛肉 ビーフ beef

豚肉 ポーク pork

鶏肉 チキン chicken

鹿肉 ヴェナサン venison

馬肉 ホース ミート horse meat

猪肉 ボアー ミート boar meat

魚介類

シシャモ スメルト スメルト フィッシュ smelt / smelt fish / シシャモ スメルト shishamo smelt

ニシン ヘリング herring

サンマ サーリ saury

タイ スィー ブリーム sea bream

ブリ イエロゥテイル yellowtail

カツオ ボニート bonito

スズキ バス bass

マス トラウト trout

ニジマス レインボゥ トラウト rainbow trout

サバ マッケレル mackerel

イワシ サーディン sardine

フグ パファー フィッシュ puffer fish

スッポン ソフトシェルド タートル soft-shelled turtle

シジミ フレッシュワラ クラム freshwater clam / シジミ クラム shijimi clam

ハマグリ クラム clam

サザエ ターバン シェル turban shell

アワビ アバロウニ abalone

カニ クラブ crab

甘エビ スウィート シュリンプ sweet shrimp / レッド シュリンプ red shrimp

カキ オイスター oyster

車エビ プローン prawn

乾物・きのこ

煮干し ニボシ niboshi, スモール ドライド サーディンズ small dried sardines

キクラゲ クラウド イャァ cloud ear マッシュルーム mushroom

干しエビ ドライド シュリンプ dried shrimp

シメジ シメジ マッシュルーム shimeji mushroom

干しシイタケ ドライド シイタケ dried shiitake マッシュルーム mushroom

ナメコ ナメコ マッシュルーム nameko mushroom

エノキタケ エノキ enoki マッシュルーム mushroom

マイタケ マイタケ maitake マッシュルーム mushroom

マツタケ マツタケ matsutake マッシュルーム mushroom

薬味・調味料など

薬味 カンディメンツ condiments

米麹 コメコウジ モルティッド ライス komekoji, malted rice

シソ ペリラ perilla

ショウガ ジンジャー ginger

片栗粉 パテイトウ スターチ potato starch

大根おろし グレイティッド grated ジャパニーズ ラディッシュ Japanese radish

黒砂糖 ブラウン シュガー brown sugar

アンズ アプリコット apricot

野菜

キュウリ	キューカンバー cucumber	キャベツ	キャベッジ cabbage
タマネギ	オニオン onion	レタス	レタス lettuce
ネギ	グリーン オニオン green onion	トウモロコシ	コーン corn
トマト	トメイトゥ tomato	ブロッコリー	ブロッコリ broccoli
ナス	エッグプラント eggplant	アスパラガス	アスパラガス asparagus
ピーマン	グリーン ペパー green pepper	ほうれん草	スピナッチ spinach

山菜・根菜

セリ	セリ ジャパニーズ パースリィ seri, Japanese parsley	ジャガイモ	パテイトゥ potato
ワラビ	ブラケン ワラビ プラント bracken, warabi plant	里芋	タロ ジャパニーズ タロ taro, Japanese taro
		山芋	ヤム ジャパニーズ ヤム yam, Japanese yam
フキノトウ	フキノトウ ジャパニーズ バタバー スケイプ fukinotou, Japanese butterbur scape	ニンジン	キャロット carrot
		カブ	ターニップ turnip
		カボチャ	パンプキン pumpkin

街・路上編

交通編

飲食店編

ショッピング編

エンターテインメント編

トラブル編

イチジク フィグ fig	**スイカ** ワラメラン watermelon
サクランボ チェリー cherry	**イチゴ** ストロウベリィ strawberry
モモ ピーチ peach	**梨** ペアー エイジアン ペアー pear / asian pear
ブドウ グレイプ grape	**びわ** ロウクワット loquat
メロン メラン melon	**デコポン** デコポン スモウ dekopon, sumo オレンジ orange

料理法

焼いた ベイクド baked	**蒸した** スティームド steamed
揚げた フライド fried	**酢漬けにした** ピクルド pickled
茹でた ボイルド boiled	**薄切りにした** スライスド sliced
煮込んだ ステュード stewed	**生の** ロー raw

料理法のあとに続けて食材を言えばOK。
例：fried chicken（フライドチキン）, boiled egg（ゆで卵）

味・食感

甘い スウィート sweet	風味のある テイスティ tasty
辛い ホット hot	おいしい デリシャス delicious
苦い ビター bitter	濃い ストゥロング strong
酸っぱい サワー sour	薄い ウィーク weak
しょっぱい ソルティ salty	硬い ハード hard
香辛料の効いた スパイシィ spicy	軟らかい ソフト soft
水分の多い ジューシィ juicy	油っぽい オイリィ oily

注文・支払い

注文する オーダー order	税金 タックス tax
追加注文する リオーダー reorder	サービス料 サーヴィス チャージ service charge
お勘定 チェック check	領収書 レシィート receipt

街・路上編

交通編

飲食店編

ショッピング編

▶ゼッタイ食べたい！ 日本各地の郷土料理

日本各地の代表的な郷土料理について、説明してみましょう。

北海道 ジンギスカン
jingisukan (Genghis Khan),
a style of lamb barbecue

中部 みそ煮込みうどん
miso nikomi udon,
stewed miso udon noodles

中国 穴子めし
anago-meshi,
rice with minced
conger eel

九州 皿うどん
sara udon,
fried noodles
with various
toppings

東北 きりたんぽ鍋
kiritanpo-nabe,
hot pot with rice
sticks, chicken
and vegetables

関東 もんじゃ焼き
monjayaki,
a runny version
of okonomiyaki

四国 鯛めし
tai-meshi,
rice with minced
sea bream

近畿 串かつ
kushikatsu,
deep-fried
skewers

沖縄 ゴーヤチャンプルー
goya chanpuru,
bitter melon flied with pork and tofu

ショッピング編

SHOPPING

日本に来る外国人の楽しみのひとつが買い物。デパートからコンビニまで、さまざまな場所で楽しんでいます。そんな外国人のみなさんの買い物をちょっとでも手助けできたら、うれしいですよね。買い物シーンで使える英語を紹介しましょう。

買い物をする場所の提案

靴屋に行くといいですよ。
ユー　　　シュッド　ゴー　トゥ　ア　シュー　　ストア
You should go to a shoe store.

ア　ラギッジ　　ストア
鞄屋 a luggage store

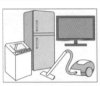
アン エレクトゥロニクス リテイル ストア
家電量販店 an electronics retail store

ア　リカー　　ストア
酒屋 a liquor store

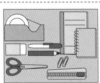
ア ステイショナリィ ショップ
文具店 a stationery shop

アン アンティーク ショップ
骨董品屋 an antique shop

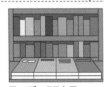
ア　ブックストア
書店 a bookstore

ア フローリスト　ア フラワー ショップ
花屋 a florist / a flower shop

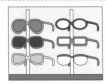
アン オプティシャン
眼鏡屋 an optician

食料品店 _{ア グロサリィ ストア} a grocery store

パン屋 _{ア ベイカリィ} a bakery

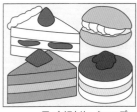

洋菓子店 _{ア ペイストリー ショップ} a pastry shop

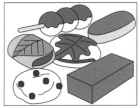

和菓子店 _{ア ジャパニーズ スタイル} a Japanese-style
_{コンフェクショナリィ ショップ} confectionery shop

宝石店 _{ア ジュエリィ ショップ} a jewelry shop

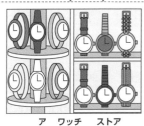

時計店 _{ア ワッチ ストア} a watch store

CDショップ _{ア スィーディー ショップ} a CD shop

雑貨店 _{ア ジェネラル ストア} a general store

コンビニがあります。
ゼア　イズ　ア　　コンヴィニエンス　　ストア
There is a convenience store.

デパート	ア ディパートメント ストア a department store
スーパーマーケット	ア スーパーマーケット a supermarket
ショッピングモール	ア ショッピング モール a shopping mall
アウトレットモール	アン アウトレット モール an outlet mall
電気街	アン エレクトゥロニクス クォーター an electronics quarter
市場	ア マーケット a market
魚市場	ア フィッシュ マーケット a fish market
フリーマーケット	ア フリー マーケット a flea market
古着屋	ア セコンドハンド クロージング ストア ア ユーズド クロージング ストア a secondhand clothing store / a used clothing store
古書店	ア セコンドハンド ブックストア a secondhand bookstore
ドラッグストア	ア ドラッグストア a drugstore
土産物店	ア スーヴェニーァ ショップ a souvenir shop
ブティック（小規模高級専門店）	ア ブティーク a boutique
ブランドショップ	ア ブランド ストア a brand store
100円ショップ	ア ハンドレッド イェン ストア a hundred yen store

土産物店で

音声 DL

DL-40

相手の状況を確認する

旅行者ですか？
アー　ユー　ア　トゥーリスト
Are you <u>a tourist</u>?

お土産を探している	ルッキング フォー ア スーヴェニーァ looking for a souvenir
何かにアレルギーがある	アレジック トゥ エニィシング allergic to anything

相手の希望や好みを聞く

甘いものは好きですか？
ドゥ　ユー　ライク　スウィーツ
Do you like <u>sweets</u>?

麺	ヌードルズ noodles
辛いもの	スパイスィー フード spicy food
冷たい食べ物	コールド フード cold food
明るい色	ブライト カラーズ bright colors
絵	ドゥロウイングス drawings
写真	ピクチャーズ pictures

街・路上編

交通編

飲食店編

ショッピング編

トラブル編

これはどうですか？

ハウ　アバウト　ディス　ワン
How about this one?

饅頭　マンジュウ　スウィート　バンズ
manju, sweet buns

かりんとう
カリントウ　フライド　ドウ　クッキーズ
karinto, fried dough cookies

煎餅　センベイ　ライス　クラッカーズ
senbei, rice crackers

日本酒　サケ　**sake**

梅酒　プラム　ワイン　**plum wine**

名物菓子　ローカル　スウィーツ　local sweets

こけし　コケシ　ア　ウドゥン　ドール　kokeshi, a wooden doll

うちわ　ア　ペイパー　ファン　ア　ラウンド　ファン　a paper fan / a round fan

扇子　ア フォールディング ファン
a folding fan

ハンカチ　ア ハンカチーフ
a handkerchief

風呂敷　フロシキ ア ラッピング クロース
furoshiki, a wrapping cloth

手ぬぐい　テヌグイ ア ハンド タオル
tenugui, a hand towel

キーホルダー　ア キー チェイン
a key chain

スマホケース　ア スマートフォン ケイス
a smartphone case

アクセサリー　アクセサリーズ
accessories

浴衣
ユカタ ジャパニーズ サマー キモノ
yukata, Japanese summer kimono

Tシャツ　ア ティーシャート
a T-shirt

街・路上編

交通編

飲食店編

ショッピング編

トラブル編

クレジットカードを使うことができますよ。

ユー　キャン　ユーズ　ア　クレジット　カード
You can <u>use a credit card</u>.

試食する
テイスト　フード　サンプルズ
taste food samples

休憩所を利用する
ユーズ ア レスト エリア　ユーズ ア ラウンジ
use a rest area / use a lounge

ペイ　バイ　キャッシュ
現金で払う　pay by cash

〉 プラスアルファ英会話メモ 〈

▶**外国人に人気の土産物①**

外国人旅行者の間で定番の日本土産となっているのが、食品サンプル（plastic food sample / food model / fake food）です。いつからか外国人の間でその精巧さが話題になり、食品サンプルの問屋が並ぶ東京・合羽橋（かっぱばし）は外国人で大賑わい。今ではキーホルダーやマグネットなどさまざまな商品としても売り出され、手軽な土産物として各地の土産物店で人気を集めています。

デパートで

音声
DL
DL-43

買い物の提案 テーブルウェア

箸はいかがですか？
How about chopsticks?
ハウ　　アバウト　　チョップスティックス

ランチョンマット　a place mat
ア プレイス マット

テーブルクロス　tablecloths
テイブルクロース

ご飯茶碗　a rice bowl
じゃわん　ア ライス ボウル

湯呑み茶碗　a teacup
の　　　　ア ティーカップ

お椀　a wooden bowl
わん　ア ウドゥン ボウル

箸置き　a chopstick rest
ア チョップスティック レスト

急須　a small teapot
ア スモール ティーポット

小皿　a small plate
ア スモール プレイト

街・路上編

交通編

飲食店編

ショッピング編

トラブル編

95

徳利
とっくり
トックリ　ア　サケ　ディキャンター
tokkuri, a sake decanter

猪口
ちょこ
チョコ　ア　スモール　サケ　カップ
choko, a small sake cup

お土産の候補としておすすめする　雑貨・小物

傘はいかがですか？
ハウ　　アバウト　　アン　　アンブレラ
How about an umbrella?

ハンドバッグ　ア　ハンドバッグ　a handbag

財布　ア　ワレット　a wallet

小銭入れ　ア　パース　a purse

帽子　ア　ハット　ア　キャップ　a hat / a cap

折り畳み傘　ア　フォールディング　アンブレラ　a folding umbrella

手袋　グラヴズ　gloves

ネクタイ　ア タイ　a tie

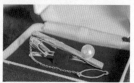

ネクタイピン　ア タイ ピン　a tie pin

スカーフ　ア スカーフ　a scarf

印鑑（判子）
ア パーソナル スィール
a personal seal

お香　インセンス　incense

街・路上編

交通編

飲食店編

ショッピング編

トラブル編

音声DL　DL-44

お土産の候補としておすすめする　アクセサリー

ブレスレットはいかがですか？
ハウ アバウト ア ブレィスレット
How about a bracelet?

ネックレス　ア ネックレス　a necklace

ペンダント　ア ペンダント　a pendant

97

イヤリング　イアリングス　earrings

ピアス　ピアースド イアリングス　pierced earrings

バングル　ア バングル　a bangle

アンクレット　アン アンクレット　an anklet

指輪　ア リング　a ring

ブローチ　ア ブローチ　a brooch

カチューシャ　ア ヘッドバンド　a headband

シュシュ　ア ヘア スクランチー　a hair scrunchie

かんざし　カンザシ ア ジャパニーズ ヘア ピン　kanzashi, a Japanese hair pin

98

場面別会話❖ショッピング編❻

お土産の候補としておすすめする 文房具

万年筆はいかがですか？
How about a fountain pen?
ハウ アバウト ア ファウンテン ペン

ボールペン
a ball-point pen
ア ボールポイント ペン

消せるボールペン
an erasable ball-point pen
アン イレイサブル ボールポイント ペン

クレヨン a crayon
ア クレイヨン

色鉛筆 a colored pencil
ア カラード ペンシル

消しゴム an eraser
アン イレイサー

手帳 a diary
ア ダイアリィ

ノート a notebook
ア ノゥトブック

付箋 a sticky note
ア スティッキィ ノゥト

街・路上編 交通編 飲食店編 ショッピング編 トラブル編

99

一筆箋 ア スモール ノゥトパッド
a small notepad

グリーティングカード
ア グリーティング カード
a greeting card

折り紙 オリガミ ペイパー ペイパー フォー フォールディング
origami paper, paper for folding

口紅はいかがですか？

ハウ アバウト ア リップ スティック
How about a lipstick?

化粧品 サム コズメティクス
some cosmetics

フェイスパック ア フェイシャル トリートメント
a facial treatment

あぶらとり紙 サム オイル ブラッティング シーツ
some oil blotting sheets

リップクリーム ア リップ バーム
a lip balm

アイライナー　アン　アイ　ライナー
アイライナー　an eye liner

眉墨　アン　アイブロウ　パウダー
眉墨　an eyebrow powder

マニキュア　ア　マナキュアー
マニキュア　a manicure

爪切り　ア　ネイル　クリッパー
爪切り　a nail clipper

お土産の候補としておすすめする　化粧品②

音声DL DL-45

乳液がありますよ。
ゼア　イズ　サム　ミルキー　ロウション
There is some **milky lotion**.

香水　パフューム
香水　perfume

化粧水　スキン　ロゥション　トウナー
化粧水　skin lotion / toner

街・路上編

交通編

飲食店編

ショッピング編

トラブル編

保湿液 モイスチャー ロゥション
moisture lotion

美容液 ビューティー フルーイッド セラム
beauty fluid / serum

日焼け止め
サンスクリーン サンブロック
sunscreen / sunblock

化粧下地クリーム
ベイス クリーム
base cream

ファンデーション
ファウンデイション
foundation

チーク
チーク ルージュ ブラッシュ
cheek rouge / blush

アイシャドウ アイ シャドゥ eye shadow

マスカラ マスカラ mascara

別のサイズなどを探しているか尋ねる

もっと大きいものを探していますか?
アー　ユー　ルッキング　フォー　ア　ビガー　ワン
Are you looking for a bigger one?

もっと小さいもの	ア スモーラー ワン a smaller one	S サイズ	イット イン スモール it in small
もっと長いもの	ア ロンガー ワン a longer one	M サイズ	イット イン ミディアム it in medium
もっと短いもの	ア ショーター ワン a shorter one	L サイズ	イット イン ラージ it in large
もっと重いもの	ア ヘヴィヤー ワン a heavier one	LL サイズ	イット イン エクストラ ラージ it in extra large
もっと軽いもの	ア ライター ワン a lighter one		

困っていることを解決するための方法を伝える

店員に聞くといいですよ。
ユー　シュッド　アスク　ザ　ストア　スタッフ
You should ask the store staff.

案内カウンターで聞く	アスク アット ジ インフォメイション カウンター ask at the information counter
警備員に聞く	アスク ア セキュリティ ガード ask a security guard
フロアマップを見る	チェック ザ フロア マップ check the floor map
免税手続きカウンターに行く	ゴー トゥ ア タックス リファンド カウンター go to a tax refund counter

音声DL DL-46

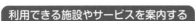

利用できる施設やサービスを案内する

エスカレーターがありますよ。
ゼア　イズ　アン　　エスカレイター
There is an escalator.

エレベーター	アン エレヴェイター an elevator
サービスカウンター	ア サーヴィス カウンター a service counter
案内所	アン インフォメイション デスク an information desk
荷物預かり所	ア バギッジ ルーム ア クロークルーム a baggage room / a cloakroom
試着室	ア ドレッシング ルーム a dressing room

利用できるサービスや機能を伝える

試着することができますよ。
ユー　　キャン　トライイットオン
You can try it on.

ポイントを貯める	ゲット ポインツ get points
荷物を預ける	リーヴ ユア ラギッジ leave your luggage
化粧品売り場で買う	ゲット イット アット ザ コズメティクス get it at the cosmetics ディパートメント department
海外発送サービスを利用する	ユーズ アン オゥヴァースィーズ シッピング サーヴィス use an overseas shipping service

104

購入時に店員にお願いするといいことを伝える

値札をとってもらうといいですよ。
ユー　シュッド　アスク　トゥ　テイク　オフ　ザ　プライス　タグス
You should ask to take off the price tags.

箱に入れる
プット イット イン ア バクス
put it in a box

紙袋に入れる
プット イット イン ア ペイパー バッグ
put it in a paper bag

ギフト用に包む
ギフトラップ イット
gift-wrap it

買い物時に必要なものを持っているか確認する

レシートを持っていますか？
ドゥ　ユー　ハヴ　ア　レスィート
Do you have a receipt?

クーポン
ア クーポン
a coupon

身分証明書
サム アイディー
some ID

引換券
アン エクスチェンジ ティケット
an exchange ticket

駐車券
ア パーキング ティケット
a parking ticket

会員カード
ア メンバーシップ カード
a membership card

エコバッグ
ア リユーザブル バッグ　アン エコゥバッグ
a reusable bag / an eco-bag

ポイントカード
ア ロイヤルティ カード　ア クラブ カード
a loyalty card / a club card

してはいけないことを伝える

試着することはできません。
ユー　キャント　トライイットオン
You can't <u>try it on</u>.

触る　タッチ　ゼム　タッチ　イット
触る　touch them / touch it

袋を開ける　オゥプン　ザ　バッグ
袋を開ける　open the bag

精算せずに別の階に行く　ゴートゥ　アナザー　フロア　ウィズアウト　ペイング
精算せずに別の階に行く　go to another floor without paying

サポートを申し出る

靴売り場にお連れしましょう。
アイル　テイク　ユー　ザ　シュー　ディパートメント
I'll take you the shoe department.

食品売り場を案内する　ショウ　ユー　ザ　フード　セクション
食品売り場を案内する　show you the food section

運ぶのを手伝う　ヘルプ　ユー　キャリー　ディス
運ぶのを手伝う　help you carry this

やり方を見せる　ショウ　ユー　ハウ　トゥ　ドゥ　イット
やり方を見せる　show you how to do it

売り場の案内や商品の説明をする

それは**6階**です。
イッツ オン ザ スィックス フロア
It's on the sixth floor.

ア フリー　サンプル
試供品　a free sample

オン セイル
セール品　on sale

ア ギフト フォー ユー
サービス品　a gift for you

お買い得
ア グッド ディール　ア バーゲン
a good deal / a bargain

フォー　ビギナーズ
初心者向け　for beginners

フォー レイディーズ
女性用　for ladies

フォー メン
男性用　for men

ユニセクス
男女兼用　unisex

音声DL　DL-48

それは**ウール**です。
イッツ　ウール
It's <u>wool</u>.

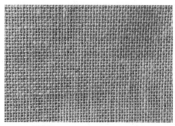

麻　リネン　linen

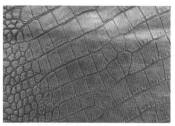

革　レザー　leather

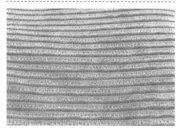

コーデュロイ　カーダライ　corduroy

デニム　デニム　denim

シルク　シルク　silk

綿　コトゥン　cotton

カシミア　キャシュミアー　cashmere

ナイロン　ナイラン　nylon

ポリエステル　パリエステアー　polyester

レーヨン　レイアン　rayon

アクリル　エクリリク　acrylic

羊革　シープスキン　sheepskin

スウェード　スウェイド　suede

商品の素材を説明する

それは**アルミ**です
イッツ　　アラミナム
It's aluminum.

鉄	アイアン iron	銅	カパー copper
純金	ピュア ゴゥルド pure gold	すず 錫	ティン tin
24金	トゥエンティフォー カラット ゴゥルド 24- karat gold	プラスティック	プラスティク plastic
銀	シルヴァー silver		

プラスアルファ英会話メモ

▶外国人に人気の土産物②

外国人に人気の土産物として意外なもののひとつが、食品に使うラップ。日本のラップは質が良いと評判なのです。日本語では「サランラップ」が一般名称のように使われることが少なくありませんが、ご存じのようにこれは商品名。英語では **cling film** や **plastic wrap** などと言います。

白はどうですか？
How about white?
ハウ　アバウト　フワイト

赤　red
レッド

黒　black
ブラック

青　blue
ブルー

黄　yellow
イエロゥ

水色　light blue
ライト　ブルー

黄緑　yellow-green
イエロゥ　グリーン

紺　dark blue
ダーク　ブルー

緑　green
グリーン

紫　purple
パープル

深緑　dark green
ダーク　グリーン

黄土色　ocher
オウカァ

橙色　orange
オーリンジ

こげ茶色　dark brown
ダーク　ブラウン

茶色　brown
ブラウン

ベージュ beige
_{ベィジ}

カーキ khaki
_{カキ}

辛子色 mustard
_{マスタード}

灰色 gray
_{グレイ}

ピンク pink
_{ピンク}

薄い色	pale color		濃い色	strong color
明るい色	bright color		暗い色	dark color
蛍光色	fluorescent color		光沢色	glossy color
暖色	warm color		寒色	cool color

プラスアルファ英会話メモ

▶ 「これが人気です」

外国人旅行者におすすめを聞かれたとき、**This is quite popular.**（これがとても人気です）、**Many people buy this.**（多くの人がこれを買っています）、**This has been very popular recently.**（これが最近、人気になっています）などとひと言添えると、説得力が増しそうですね。

街・路上編

交通編

飲食店編

ショッピング編

シーズンイベント編

トラブル編

111

デパートのフロアガイドの単語

R	屋上　Rooftop	遊園地　Playground
10	レストラン街　Restaurants	ATM　ATM
9	催事場／呉服／美術画廊 Exhibition Hall / Kimono / Art Gallery	免税カウンター Tax Refund Counter
8	リビング・インテリア／家具 Household & Interior Goods / Furniture	
7	アウトドア用品／スポーツ用品 Outdoor Items / Sports Equipment	
6	ベビー・子ども服／おもちゃ／文房具／本 Babies' & Children's Wear / Toys / Stationery / Books	
5	紳士服／メガネ　Men's Wear / Eyeglasses	
4	婦人服／ランジェリー　Ladies' Wear / Lingerie	
3	時計／宝石 Watches & Clocks / Jewelry	カフェ　Cafe
2	靴／バッグ　Shoes / Bags	クローク（荷物預かり所） Baggage Room / Cloakroom
1	化粧品／アクセサリー Cosmetics / Accessories	案内デスク General Information Desk
B1	食料品　Food デパ地下　Department store 　　　　　basement floor	コインロッカー Coin Lockers
B2	駐車場　Parking	

スーパーマーケットで

日本土産になる商品を提案する

乾麺はどうですか？
ハウ　アバウト　ドライド　ヌードルズ
How about dried noodles?

カップラーメン カップ ヌードルズ cup noodles

インスタントラーメン インスタント ヌードルズ instant noodles

緑茶 グリーン ティー green tea

調味料 スィーズニング カンディメント seasoning / condiment

抹茶味の菓子 グリーン ティーフレイバード スウィーツ green tea-flavored sweets

飴 キャンディ candy

グミ グミ グミ キャンディ gummi / gummi candy

缶詰 キャンド フード canned food

スーパーマーケットの単語

乳製品 デイリー プロダクト dairy product

シリアル
シリアル cereal

加工肉 プロセスド ミート processed meat

缶詰
キャンド フード canned food

精肉
ドレスド ミート dressed meat

ミート

卵
エッグ egg

惣菜 デリ deli

弁当
ランチ バクス lunch box

干物
ドライド フィッシュ dried fish

大豆食品
ソイ フード soy food

練り物
フィッシュ ペイスト fish paste
プロダクト product

鮮魚
フレッシュ フィッシュ fresh fish

果物 フルート fruit

野菜
ヴェジタブル vegetable

114

音声DL DL-52

スナック類
スナック
snack

レジ　キャシャー
cashier

飲料　ベヴァリッジ
beverage

冷凍食品
フロゥズン　フード
frozen food

デザート
デザート
dessert

パン類
ベイカリィ
bakery

花　フラワー
flower

買いものかご
ショッピング　バスケット
shopping basket

街・路上編

交通編

飲食店編

ショッピング編

ホテル&イベント編

トラブル編

115

買い物時や会計時におすすめの方法を伝える

レジ袋をもらうといいですよ。

ユー　　　シュッド　　ゲット　ア　プラスティク　バッグ
You should <u>get a plastic bag</u>.

カートを使う	ユーズ ア ショッピング カート use a shopping cart
短い列に並ぶ	スタンド イン ア ショート ライン stand in a short line
セルフレジを利用する	ユーズ ア セルフチェクアウト use a self-checkout

買い物時や精算時の注意事項を伝える

列に割り込むことはできません。

ユー　　キャント　カット　イン　ライン
You can't <u>cut in line</u>.

返品する	リターン ディス return this
商品を移動する	ムーブ グッズ move goods

116

コンビニエンスストアで

音声DL
DL-54

ランチにおすすめのものを提案する

お弁当はどうですか？
ハウ　アバウト　ア　ランチ　バクス
How about a lunch box?

オニギリ　ア　ライス　ボール
おにぎり onigiri, a rice ball

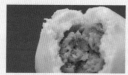

ニクマン　ア スティームド ミート バン
肉まん niku-man, a steamed meat bun

アンマン
あんまん an-man,
ア スティームド スウィート ビーン バン
a steamed sweet bean bun

イナリズシ
いなり寿司 inarizushi

*a rice ball wrapped in fried tofu

コンビニの場所や営業時間を伝える

24時間営業です。
イッツ　オゥプン　トゥエンティフォー　アワーズ　ア　デイ
It's open twenty-four hours a day.

オゥプン フロム ナイン エイエム トゥ エイト ピーエム
朝9時から夜8時までの営業 open from 9:00 a.m. to 8:00 p.m.

ニア　ザ　ステイション
駅の近く near the station

117

コンビニで利用できるサービスを伝える

トイレを使うことができますよ。
You can use the restroom.

ATMで現金を引き出す	withdraw cash from an ATM
郵便物を送る	mail a parcel
チケットを受け取る	pick up a ticket
コピーをとる	make a photocopy
イートインコーナーを利用する	use an eating area

〜 プラスアルファ英会話メモ 〜

▶レジ袋の有料化

2020年7月から日本ではレジ袋が有料になりました。知らない外国人がいたら教えましょう。**Plastic bags are not free.**（レジ袋は無料ではありません）、**It costs three yen.**（3円かかります）などと伝えてください。

観光編

SIGHTSEEING

観光は旅行者にとって最大の楽しみではないでしょうか。歴史、自然、文化、娯楽施設など、日本らしい観光スポットをおすすめしたいものですね。一方、マナーを伝えたい場合もあるかもしれません。ここでは、観光スポットやマナーを教えることによって外国人旅行者と親交を深められる英語を紹介します。

観光

 音声DL DL-56

おすすめの観光施設について、好きかどうか尋ねる

水族館は好きですか？
ドゥ ユー ライク アクアリウムズ
Do you like aquariums?

アート ミューズィアムズ
美術館　art museums

ミューズィアムズ
博物館　museums

ズーズ
動物園　zoos

ボタニカル ガーデンズ
植物園　botanical gardens

アミューズメント パークス
遊園地　amusement parks

シーム パークス
テーマパーク　theme parks

おすすめの観光地について、興味があるか尋ねる

史跡に興味はありますか？

アー　ユー　インタレスティッド　イン　ヒストリカル　スパッツ
Are you interested in <u>historical spots</u>?

ヒストリィ
歴史　history

ネイチャー
自然　nature

カルチャー
文化　culture

アミューズメント ファスィリティーズ
娯楽施設　amusement facilities

ルーインズ
遺跡　ruins

キャッソゥズ
城　castles

テンプルズ
寺　temples

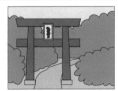

シュラインズ
神社　shrines

大仏 <ruby>ア<rt>ア</rt></ruby> a big buddha
ア ビッグ ブッダ

温泉 hot springs
ハット スプリングズ

世界遺産 World Heritage Sites
ワールド ヘリテイジ サイツ

二条城はどうですか？
ハウ アバウト ニジョー キャッソゥ
How about Nijo Castle?

吉野ヶ里遺跡
ザ ヨシノガリ ルーインズ
the Yoshinogari Ruins

清水寺 Kiyomizu Temple
キヨミズ テンプル

築地本願寺
ツキジ ホンガンジ テンプル
Tsukiji Hongwanji Temple

箱根神社 Hakone Shrine
ハコネ シュライン

出雲大社 Izumo-taisha Shrine
イズモタイシャ　シュライン

伊勢神宮 Ise-jingu Shrine
イセジングウ　シュライン

琵琶湖 Lake Biwa
レイク　ビワ

知床半島 Shiretoko Peninsula
シレトコ　ペニンシュラ

大浦天主堂 Oura Cathedral
オーウラ　キャセドラル

屋久島 Yakushima Island
ヤクシマ　アイランド

仁徳天皇陵
Mausoleum of Emperor
モースリアム　オヴ　エンペラー
Nintoku
ニントク

白神山地
Shirakami Sanchi
シラカミ　サンチ
Mountains range
マウンテンズ　レンジ

富岡製糸場 トミオカ シルク ミル Tomioka Silk Mill

鳥取砂丘 トットリ サンド デューンズ Tottori Sand Dunes

東京スカイツリー トーキョー スカイトゥリー TOKYO SKYTREE

豊洲市場 トヨス マーケット Toyosu Market

富士山に登ったほうがいいですよ。

ユー シュッド クライム マウント フジ
You should climb Mount Fuji.

老舗旅館に泊まる
ステイ アット ア ロングエスタブリッシュト イン
stay at a long-established inn

屋形船に乗る
ライド ヤカタブネ ア ハウスボット
ride yakatabune, a houseboat

花見に行く
ゴー チェリー ブラッサム ヴューイング
go cherry blossom viewing

川下りをする
ゴー ダウン ザ リヴァー
go down the river

相撲を見に行く
ゴー トゥ スィー スモウ
go to see sumo

歌舞伎を見に行く
ゴー トゥ スィー カブキ
go to see kabuki

着物／浴衣を着る
ウェア ア キモノ ユカタ
wear a kimono / yukata

夏祭に行く
ゴー トゥ ア サマー フェスティヴァル
go to a summer festival

露天風呂に入る
テイク アン オゥプンエアー バス
take an open-air bath

人力車に乗る
テイク ア リックシャァ
take a rickshaw

茶道を体験する
エクスペリエンス ザ ティー セレモニィ
experience the tea ceremony

座禅を体験する
エクスペリエンス ゼン メディテイション
experience zen meditation

街・路上編

交通編

飲食店編

ショッピング編

観光編

ホテル・宿泊編

トラブル編

125

景色や場所について、特色などを伝える

素晴らしいです。
イッツ ワンダフル
It's <u>wonderful</u>.

大きい	ビッグ big	清潔な	クリーン clean
小さい	スモール small	清潔でない	アンクリーン unclean
高い	ハイ high	広々とした	スペイシャス spacious
低い	ロー low	こぢんまりした	コゥズィ cozy
背の高い	トール tall	快適な	カンファタブル comfortable
背の低い	ショート short	楽しい	エンジョイアブル enjoyable
幅の広い	ワイド wide	陽気な	チアフル cheerful
幅の狭い	ナロゥ narrow	壮大な	マグニフィセント magnificent
明るい	ブライト bright	厳かな	サーレム solemn
暗い	ダーク dark	神聖な	ホゥリィ holy
新しい	ニュー new	静かな	クワイエット quiet
古い	オゥルド old	賑やかな	ライヴリィ lively
独特な	ユニーク unique	興味深い	インタレスティング interesting

その場所からどんな景色が見られるか伝える

雄大な自然を見ることができますよ。
ユー キャン エンジョイ マジェスティック ネイチャー
You can enjoy majestic nature.

素晴らしい景色
ア グレイト ヴュー
a great view

ロマンチックな夜景
ア ロマンティック ナイト ヴュー
a romantic night view

たくさんの星　メニィ スタァズ　many stars

美しい紅葉
ビューティフル オータム リーヴズ
beautiful autumn leaves

豪華絢爛な装飾
ゴージャス デコレイションズ
gorgeous decorations

色とりどりのパレード
ア カラフル パレィド
a colorful parade

幻想的な雪景色
ア ファンタスティック スノウ スィーン
a fantastic snow scene

鮮やかな虹
ア ブライト レインボゥ
a bright rainbow

一面の花畑
ア カーペット オヴ フラワーズ
a carpet of flowers

原生林
ア ヴァージン フォレスト
a virgin forest

日の出
ザ サンライズ
the sunrise

日の入り
ザ サンセット
the sunset

輝く朝日
ア シャイニング モーニング サン
a shining morning sun

素敵な夕陽
ア ラヴリィ サンセット
a lovely sunset

DL-58

利用できるツアーを紹介する

観光ツアーがあります。
ゼア　イズ　ア　サイトスィーング　トゥアー
There is a sightseeing tour.

市内観光ツアー	ア シティ トゥアー a city tour
半日ツアー	ア ハーフデイ トゥアー a half-day tour
1日ツアー	ア ワンデイ トゥアー a one-day tour
ナイトツアー	ア ナイト トゥアー a night tour
バスツアー	ア バス トゥアー a bus tour
ヘリコプターツアー	ア ヘリコプター トゥアー a helicopter tour
館内ツアー	アン イン ハウス トゥアー an in-house tour
英語ガイド付きツアー	ア トゥアー ウィズ アン イングリッシュ ガイド a tour with an English guide
中国語ガイド付きツアー	ア トゥアー ウィズ ア チャイニーズ ガイド a tour with a Chinese guide
韓国語ガイド付きツアー	ア トゥアー ウィズ ア コリアン ガイド a tour with a Korean guide

街・路上編

交通編

飲食店編

ショッピング編

観光編

スポーツ・イベント編

トラブル編

美術館の種類を説明する

近代美術の美術館です。

イッツ ア ミューズィアム オヴ モダン アート
It's a museum of <u>modern art</u>.

	コンテンポラリィ アート
現代美術	contemporary art

	メディーヴァル アート
中世美術	medieval art

	アンティーク アート
古代美術	antique art

	アーヴァンガード アート
前衛芸術	avant-garde art

	ジャパニーズ アート
日本美術	Japanese art

	オリエンタル アート
東洋美術	Oriental art

	ウェスタン アート
西洋美術	Western art

	フォト アート
写真芸術	photo art

	ヴィジュアル アート
映像芸術	visual art

	クラフト アート
工芸美術	craft art

美術館で鑑賞できるものを伝える

絵画を鑑賞することができますよ。
ユー　キャン　アプリーシエイト　ペインティングズ
You can appreciate paintings.

彫刻　スカルプチャーズ
彫刻　sculptures

版画　プリンティングズ
版画　printings

染物　ダイド　グッズ
染物　dyed goods

織物　テキスタイルズ
織物　textiles

写真　フォトズ
写真　photos

書　キャリグラフィーズ
書　calligraphies

油絵　オイル ペインティングズ
油絵　oil paintings

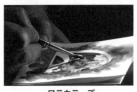

水彩画　ワラカラーズ
水彩画　watercolors

日本画 ジャパニーズ ペインティングズ
Japanese paintings

西洋画 ウェスタン ペインティングズ
Western paintings

常設展 ア パーマネント イグズィビット
a permanent exhibit

特別展 ア スペシャル イグズィビット
a special exhibit

音声DL DL-60

美術館で何の展示がされているか紹介する

浮世絵の展示があります。
ゼア イズ アン ウキヨエ イグズィビット
There is an Ukiyo-e exhibit.

北斎 ア ホクサイ
a Hokusai

ガラス工芸品 ア グラスワークス
a glassworks

陶磁器 ア チャイナ アンド ポーセリン
a china and porcelain

有田焼 アン アリタ ポーセリン
an Arita porcelain

宗教画 ア レリジャス ペインティング
a religious painting

印象派 アン インプレッショニスト
an Impressionist

仏像 ア ブッダ スタチュー
a Buddha statue

日本人形 ア ジャパニーズ ダール
a Japanese doll

中国の宝飾品
ア チャイニーズ ジュウェリイ
a Chinese jewelry

アメリカのポップアート
アン アメリカン ポップ アート
an American pop art

19世紀の工芸品 ア ナインティーンス センチュリー クラフト
a nineteenth-century craft

第2次世界大戦の写真 ア ワールド ウォートゥー フォトグラフ
a World War Ⅱ photograph

街・路上編
交通編
飲食店編
ショッピング編
観光編
スポーツ・イベント編
トラブル編

博物館の種類を説明する

科学博物館です。
イッツ ア サイエンス ミューズィアム
It's a science museum.

総合博物館	ア ジェネラル ミューズィアム a general museum
歴史博物館	ア ヒストリィ ミューズィアム a history museum
民俗博物館	ア フォークロア ミューズィアム a folklore museum
宇宙博物館	ア スペイス ミューズィアム a space museum
交通博物館	ア トランスポッテイション ミューズィアム a transportation museum
自然科学博物館	ア ミューズィアム オヴ ナチュラル サイエンス a museum of natural science
自然史博物館	ア ミューズィアム オヴ ナチュラル ヒストリィ a museum of natural history
人類史博物館	ア ミューズィアム オヴ ヒューマン ヒストリィ a museum of human history

博物館で何の展示がされているか紹介する

人類の進化に関する展示があります。

ゼア　イズ　アン　イグズィビット　アバウト　ヒューマン
There is an exhibit about <u>human</u>

エヴォリューション
<u>evolution</u>.

地球の誕生	ザ　バース　オヴ　ジ　アース the birth of the earth
太陽系の惑星	ザ　プラネッツ　オヴ　ザ　ソウラァ　システム the planets of the solar system
産業革命	ジ　インダストリアル　レヴォリューションズ the industrial revolutions
文明開化	ウェスタナイゼイション westernization
日本の科学技術	サイエンス　テクノロジィ　イン　ジャパン science technology in Japan
日本のノーベル賞受賞者	ジャパニーズ　ノーベル　プライズ　ウィナーズ Japanese Nobel Prize winners
地球温暖化	グローバル　ウォーミング global warming
再生可能エネルギー	リニューアブル　エナジィ renewable energy
ウイルスとの共存	コイグジスタンス　ウィズ　ヴァイラスィズ coexistance with viruses
アリとハチの関係	ザ　リレイションシップ　ビトゥイーン　アンツ the relationship between ants アンド　ビーズ and bees
江戸時代の生活	ライフ　イン　ジ　エド　エラ life in the Edo era
皇室の年中行事	インペリアル　アニュアル　イヴェンツ Imperial annual events

恐竜の模型を見ることができますよ。

ユー　キャン　スィー　ダイナソー　マデルズ
You can see <u>dinosaur models</u>.

化石　フォッシルズ　fossils

隕石　メテオライツ　meteorites

鉱物　ミネラルズ　minerals

珍しい岩石　アンユージュアル　ロックス　unusual rocks

昆虫の標本　インセクト　スペスィメンズ　insect specimens

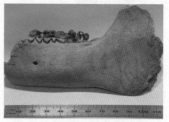

動物の骨　アニマル　ボーンズ　animal bones

縄文土器 ジョーモン ポータリィ Jomon pottery

侍の鎧兜 よろいかぶと サムライ アーマー Samurai armor

宇宙服 スペイス スーツ space suits

宇宙食 スペイス フード space food

昔の乗り物 オールド ヴィークルズ old vehicles

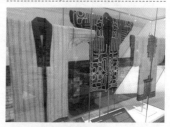

アイヌ民族の手仕事
アイヌ ハンディクラフツ
Ainu handicrafts

街・路上編

交通編

飲食店編

ショッピング編

観光編

スポーツ・イベント編

トラブル編

137

遊園地・テーマパーク

遊園地のアトラクションに関して、興味があるか尋ねる

パレードに興味はありますか？
アー　ユー　インタレスティッド　イン　ア　パレイド
Are you interested in <u>a parade</u>?

ショー	ア ショウ a show
乗り物	ア ライド a ride
キャラクター	ア キャラクター　　ア マスコット a character / a mascot

遊園地のどんなアトラクションが好きか尋ねる

スリルのあるアトラクションは好きですか？
ドゥ　ユー　ライク　スリリング　アトラクションズ
Do you like <u>thrilling</u> attractions?

怖い	フライトニング frightening	揺れる	シェイキング shaking
楽しい	ファン fun	転がる	ローリング rolling
幻想的な	ファンタスティック fantastic	くるくる回る	ロウテイティング rotating
飛ぶ	フライング flying	水の	ワラ water
落ちる	フォーリング falling	音楽の	ミュージック music

音声DL DL-65

遊園地でおすすめのアトラクションを提案する

ジェットコースターはどうですか？
ハウ　アバウト　ア　ローラー　コースター
How about a roller coaster?

メリーゴーラウンド
ア　メリーゴーラウンド　ア　キャルーセル
a merry-go-round / a carousel

ティーカップス
コーヒーカップ teacups

＊英語ではこの言い方が一般的

ア　ホーンティッド　ハウス
お化け屋敷 a haunted house

ア　フェリス　ウィール
観覧車 a Ferris wheel

ア　パレィド　アット　テン　エイエム
午前10時のパレード a parade at 10:00 a.m.

ア　ショウ　アット　スリー　ピーエム
午後3時のショー a show at 3:00 p.m.

街・路上編

交通編

飲食店編

ショッピング編

観光編

ホテル・イベント編

トラブル編

 マナー

 音声 DL

DL-66

観光地などでの禁止事項を伝える

写真を撮ることはできません。

ユー　キャント　テイク　ピクチャーズ
You can't take pictures.

ユーズ ア フラッシュ
フラッシュをたく　use a flash

ウェァ　シューズ
靴を履く　wear shoes

スィット　ヒア
ここに座る　sit here

メイク　エニィ　ノイズ
音を立てる　make any noise

プラスアルファ英会話メモ

▶注意の仕方について

マナー違反だと教えたいときに便利なのがYou shouldn't 〜 .（〜
しないほうがいいですよ）という表現です。**You shouldn't feed
the fish.**（魚に餌をやらないほうがいいですよ）のように使います。

寺・神社で行うとよいことを伝える

もっと小さい声で話したほうがいいですよ。
ユー　シュッド　ロウワー　ユア　ヴォイス
You should lower your voice.

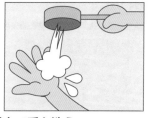

手水で手を洗う
パフォーム　チョーズ　ハンズ　ビューリフィケイション
perform chozu, hands purification

おさい銭を投げ入れる
スロゥ　イン　コインズ
throw in coins

お辞儀をする　バウ
bow

手をたたく　クラップ　ハンズ
clap hands

手を合わせる
プット　ハンズ　トゥゲザー
put hands together

おみくじを木の枝に結ぶ
タイ　ア　フォーチュン　トゥ　ア　トゥリー　ブランチ
tie a fortune to a tree branch

街・路上編

交通編

飲食店編

ショッピング編

観光編

スポーツ＆イベント編

トラブル編

141

音声DL
DL-67

観光地で利用できるサービスを伝える

託児サービスがあります。
ゼア　イズ　ア　チャイルドケア　サーヴィス
There is a childcare service.

荷物預かり所　ア　クロークルーム
a cloakroom

英語の音声ガイド
アン　イングリッシュ　オーディオ　ガイド　ディヴァイス
an English audio guide device

中国語の音声ガイド　ア　チャイニーズ　オーディオ　ガイド　ディヴァイス
a Chinese audio guide device

韓国語の音声ガイド　ア　コリアン　オーディオ　ガイド　ディヴァイス
a Korean audio guide device

観光地でレンタルできるものを伝える

ベビーカーを借りることができますよ。
ユー　キャン　レント　ア　バギー
You can rent a buggy.

車いす　ア　ウィールチェアー
a wheelchair

自転車　ア　バイシクル
a bicycle

そのほかのお役立ち単語

観光

音声DL
DL-68

入場料／入館料／拝観料
アドミッション フィー
admission fee

ツアー料金	トゥアー フィー tour fee
大人	アダルト adult
子供	チャイルド child
幼児	タードラー toddler
学生	ステューデント student
シニア	スィニアー senior
無料	フリー free
割引	ディスカウント discount

学生割引（学割）
ステューデント ディスカウント
student discount

シニア割引	スィニアー ディスカウント senior discount

開館時間	オゥプニング タイム opening time
閉館時間	クロージング タイム closing time
集合場所	ピックアップ ポイント pick-up point
集合時間	ピックアップ タイム pick-up time
再入場する	リィエンター reenter
案内図	ガイド マップ guide map
館内案内図	フロア ガイド floor guide

英語のパンフレット
ブロシュァー イン イングリッシュ
brochure in English

中国語のパンフレット
ブロシュァー イン チャイニーズ
brochure in Chinese

韓国語のパンフレット
ブロシュァー イン コリアン
brochure in Korean

天候

暑い	ハット hot	晴れた	サニィ sunny
寒い	コゥルド cold	雨降りの	レイニィ rainy
暖かい	ウォーム warm	風が強い	ウィンディ windy
涼しい	クール cool	曇った	クラウディ cloudy
湿った	ヒューミッド humid	霧が出た	フォギィ foggy
乾いた	ドライ dry	嵐の	ストーミィ stormy

風景・自然

空	スカイ sky	川	リヴァー river
太陽	サン sun	滝	ワラファール waterfall
雲	クラウド cloud	森林	フォレスト forest
山	マウンテン mountain	並木の	トゥリーラインド tree-lined
火山	ヴォルケィノゥ volcano	野原	フィールド field
洞窟	ケイヴ cave	高原	ハイランド highland
海	スィー sea	庭園	ガーデン garden
海岸	ビーチ beach	公園	パーク park
湖	レイク lake	展望台	オブザヴァトリィ observatory
池	ポンド pond	灯台	ライトハウス lighthouse

スポーツ & イベント編

SPORTS & EVENTS

スポーツ、演劇、音楽、伝統芸能など、日本では1年を通して各地でイベントが行われています。最近はこうした催しを目的に来日する旅行者も多いですよね。一緒にスポーツ観戦に出かけたり、イベントに参加したりする際に役立つ英語を紹介します。

好きなスポーツを聞く

テニスは好きですか？
ドゥ ユー ライク テニス
Do you like tennis?

野球 ベイスボール baseball

サッカー サカァー soccer

ボクシング バクシング boxing

マラソン マラソン marathon

駅伝 エキデン ロングディスタンス ロゥド リレィ レィス
ekiden, long-distance road relay race

相撲　スモウ　sumo

柔道　ジュウドウ　judo

空手　カラテ　karate

社交ダンス
ボールルーム　ダンスィング
ballroom dancing

スケート　スケイティング　skating

競馬　ホース　レィスィング　horse racing

街・路上編

交通編

飲食店編

ショッピング編

スポーツ＆イベント編

トラブル編

147

アメリカンフットボール
アメリカン　フッボール
American football

バスケットボール
バスキットボール
basketball

サーフィング
サーフィン　surfing

ヴァリボール
バレーボール　volleyball

ウィンドサーフィン
ウィンドサーフィング
windsurfing

ソフトボール
ソフトボール　softball

テイブル　テニス
卓球　table tennis

剣道 ケンドウ kendo

レスリング レスリング wrestling

水泳 スウィミング swimming

トライアスロン トライアスロン triathlon

釣り フィッシング fishing

スキー スキーイング skiing

スノーボード スノウボーディング snowboarding

アイスホッケー アイス　ハッキー ice hockey

好きなイベントを尋ねる

ミュージカルは好きですか？
ドゥ　ユー　ライク　ミュージカルズ
Do you like <u>musicals</u>?

クラシックコンサート
クラスィカル　カンサーツ
classical concerts

オペラ　opera
アプラ

歌舞伎　kabuki
カブキ

演劇
プレイズ　　ドゥラマズ　　シアターズ
plays / dramas / theaters

落語　rakugo
ラクゴ

＊traditional Japanese comic storytelling

お笑いライブ
カメディ　　パフォーマンシズ
comedy performances

150

アイドルライブ
アイドル　パフォーマンシズ
idol performances

コミックマーケット
カミック　マーケット
comic market

イルミネーションショー
イルミネイション　ディスプレイズ
illumination displays

花火大会
ファイヤワークス ディスプレイズ
fireworks displays

プラスアルファ英会話メモ

▶共通の趣味で盛り上がろう！

日本のアニメやマンガは海外でも大人気！　アニメやマンガのみならず、ゲーム、アイドル、コスプレなどをテーマにしたイベントが日本各地で行われ、それを目当てに来日する旅行者もたくさんいます。イベントの規模も年々大きくなり、池袋のサンシャインシティや幕張メッセといった大きなホールが会場になることも珍しくありません。趣味を同じくする者同士なら、会話も弾みそう！　共通の話題で大いに盛り上がりましょう。

街／路上編

交通編

飲食店編

ショッピング編

スポーツ&イベント編

トラブル編

イベント会場を教える

東京ドームに行ってください。
ユー　シュッド　ゴー　トゥー　ザ　トーキョー　ドーム
You should go to the Tokyo Dome.

スタジアム　ザ　ステイディアム　the stadium

アリーナ　ジ　アリーナ　the arena

コンサートホール
ザ　カンサート　ホール
the concert hall

コンベンションセンター
ザ　コンヴェンション　センター
the convention center

ライブハウス
ザ　ライヴ　ミュージック　クラブ
the live music club

野外ステージ
ジ　アウトドア　ステイジ
the outdoor stage

オリンピックスタジアム
ジ　オリンピック　ステイディアム
the Olympic Stadium

さいたまスーパーアリーナ
ザ　サイタマ　スーパー　アリーナ
the Saitama Super Arena

日本武道館
ザ　ニッポン　ブドウカン
the Nippon Budokan

国技館
ザ　リョウゴク　コクギカン
the Ryogoku Kokugikan

宝塚大劇場
ザ　タカラヅカ　グランド　シアター
the Takarazuka Grand Theater

イベントの入場チケットの買い方を教える

それは**ネット**で買えます。
ユー　キャン　バイ　イット　オン　ジ　インターネット
You can buy it on the Internet.

コンビニで
アット　ア　コンヴィニエンス　ストア
at a convenience store

抽選で
バイ　ロタリー
by lottery

チケット専門店で
アット　ア　ティケット　スペシャルティ　ストア
at a ticket specialty store

チケット売り場で
アット　ア　ティケット　オフィス
at a ticket office

安売りチケット店で
アット　ア　ディスカウント　ティケット　ショップ
at a discount ticket shop

イベント会場の施設やサービスを案内する

売店があります。
ゼア　イズ　ア　ショップ
There is a shop.

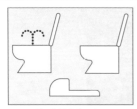

ア　レストルーム
トイレ　a restroom

ア　クロークルーム
荷物預かり所　a cloakroom

遺失物取扱所
ア　ロスト　アンド　ファウンド　カウンター
a lost and found counter

案内所
アン　インフォメイション　デスク
an information desk

フードスタンド	ア　フード　ストール a food stall
ゲート	ア　ゲイト a gate
休憩所	ア　レスト　エリア a rest area
入口	アン　エントランス an entrance
出口	アン　エグジット an　exit

売店で買えるものを紹介する

パンフレットを買えますよ。
ユー　キャン　バイ　ア　パンフレット
You can buy a pamphlet.

ホットドッグ
ア　ハッ　ダーグ
a hot dog

ハンバーガー
ア　ヘァンバァガー
a hamburger

クレープ
ア　クレイプ
a crepe

フライドポテト
フレンチ　フライズ
French fries

たこ焼き
タコヤキ
takoyaki

アメリカンドッグ
ア　コーン　ダーグ
a corn dog

ソフトクリーム
ア　ソフト　シェイブド　アイス　クリーム
a soft shaved ice cream

コーヒー
カフィ
coffee

コーラ
コーラ
cola

ビール
ビアー
beer

ポップコーン
ポップコーン
popcorn

キャラクターグッズ
キャラクタァ　グッズ
character goods

ユニフォーム
ユニフォーム
uniform

CD
ア　スィーディー
a CD

DVD
ア　ディーヴィディー
a DVD

街・路上編

交通編

飲食店編

ショッピング編

スポーツ＆イベント編

トラブル編

音声DL DL-75

声援を送ることができます。

ユー　キャン　チアー
You can <u>cheer</u>.

拍手をする　アプロード
applaud

口笛を吹く　ウィッスル
whistle

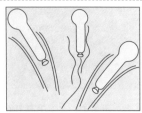

風船を飛ばす　フライ　バルーンズ
fly balloons

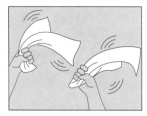

タオルマフラーを振り回す
スウィング　ザ　タオル　マフラー　アラウンド
swing the towel muffler around

応援歌を歌う
シング　ア　ファイト　ソング
sing a fight song

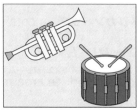

楽器を鳴らす（トランペットや太鼓など）　プレイ　アン　インストゥルメント
play an instrument
トランペット　ドラム　エトセトラ
(trumpet, drum, etc.)

156

イベント会場でやってはいけないことを伝える

録音・録画をすることはできません。
ユー　キャント　レコード　オーディオ　オア　ヴィデオ
You can't record audio or video.

写真を撮る　テイク　ピクチャーズ　take pictures

ケータイの電源を入れたままにする
リーヴ　ユア　フォン　ターンド　オン
leave your phone turned on

展示品に触れる
タッチ　ジ　エグジビッツ
touch the exhibits

食べ物や飲み物を持ち込む
ブリング　イン　フード　オア　ドゥリンク
bring in food or drink

話す　スピーク　speak

たばこを吸う　スモーク　smoke

席を移動する　チェンジ　スィーツ　change seats	紙吹雪をまく　スロゥ　カンフェティ　throw confetti

紙テープを投げる　スロゥ　ペイパー　テイプ　throw paper tape

提灯
ランターン
lantern

やぐら
櫓
スカフォルド
scaffold

盆踊り
ボン ダンス
bon dance

金魚すくい
ゴウルドフィッシュ スクーピング
goldfish scooping

リンゴ飴
アップル
apple
キャンディ
candy

綿飴
コトウジ キャンディ
cotton candy

帯
ベルト
belt

ヨーヨー釣り
ヨーヨー フィッシング
yo-yo fishing

法被
ハッピ
happi,
トラディショナル コスチューム
traditional costume
フォー フェスティヴァルズ
for festivals

浴衣
ユカタ
yukata

屋台
フード　ストールズ
food stalls

射的
シューティング　ゲイム
shooting game

輪投げ
リング　トス　ゲイム
ring-toss-game

甚平
ジンベイ　インフォーマル
jinbei, informal
サマァ　　クローズ
summer clothes
フォー　メン
for men

打ち上げ花火
ファイヤワークス　ディスプレイ
fireworks display

花火
ファイヤワークス
fireworks

焼きそば
フライド　ヌードルズ
fried noodles

かき氷
シェイヴド　アイス
shaved ice

焼きとうもろこし
グリルド　コーン
grilled corn

公演・イベント

音声DL DL-77

クラシックバレエ
クラスィカル　バレエ
classical ballet

ヴァイオリンコンサート
ヴァイオリン　カンサート
violin concert

ピアノリサイタル
ピアノ　リサイタル
piano recital

ジャズライブ　ジャズ ライヴ
jazz live

野外フェス
アウトドア　ミュージック フェスティヴァル
outdoor music festival

フラワーフェスティバル
フラワー　フェスティヴァル
flower festival

フードフェスティバル
フード フェスティヴァル
food festival

映画祭　フィルム フェスティヴァル
film festival

写真展　フォト　イグズィビション
photo exhibition

秋祭り　オータム　フェスティヴァル
autumn festival

雪祭り　スノウ　フェスティヴァル
snow festival

観戦・観劇

前売券　アドヴァンス ティケット
advance ticket

当日券　ティケット フォー トゥデイ
ticket for today

再入場　リエントリィ
reentry

指定席　リザーヴド　スィート
reserved seat

ナイター　ナイト　ゲイム
night game

座席表　スィーティング チャート
seating chart

160

トラブル編

TROUBLE

病気や事故、紛失など、自国でもトラブルに遭うのは大変なこと。それが異国の地だったらどんなに不安でしょうか。困っている外国人を助けるときに役立つ英語をまとめて紹介します。

体調が悪そうな人に、症状の有無を尋ねる

頭の痛みがありますか？
ドゥ ユー ハヴ ア ヘッドエイク
Do you have a headache?

腹痛	ア スタマックエイク a stomachache	鼻水	ア ラニー ノウズ a runny nose
胸の痛み	チェスト ペイン chest pain	咳	ア カァフ a cough
何か痛み	エニー ペイン any pain	胸焼け	ハートバーン heartburn
胸の苦しさ	エニー トラブル any trouble ブリージング breathing	花粉症	ヘイ フィーヴァー hay fever
		下痢	ダイアリア diarrhea
胃腸の不調	アン アプセット an upset スタマック stomach	動悸	パルピテイションズ palpitations
		食欲	アン アパタイト an appetite
鼻詰まり	ア スタフィ ノウズ a stuffy nose	持病	ア メディカル a medical
喉の痛み	ア ソア スロゥット a sore throat		カンディション condition

体調が悪そうな人に、今の状態を尋ねる

気分が悪いですか？
アー　ユー　スィック
Are you <u>sick</u>?

大丈夫　オーライ　オーケイ
alright / okay

何かアレルギーを持つ　アレジック トゥ エニィシング
allergic to anything

何か薬を服用する　テイキング エニー メディシン
taking any medicine

気分がよくなっている　フィーリング　ベター
feeling better

便秘　コンスティペイティッド
constipated

めまいがする　ディズィ
dizzy

相手が病院や薬局で必要な書類を持っているか尋ねる

処方せんを持っていますか？
ドゥ　ユー　ハヴ　ア　プレスクリプション
Do you have <u>a prescription</u>?

保険証　アン インシュアランス カード
an insurance card

英文診断書　ア メディカル サァティフィケイト イン イングリッシュ
a medical certificate in English

英文薬剤証明書　ア メディシン サァティフィケイト イン イングリッシュ
a medicine certificate in English

事故証明書　アン アクシデント リポート
an accident report

海外旅行傷害保険　オゥヴァスィーズ トラヴェル アクシデント インシュアランス
over-seas travel accident insurance

身体の部位の単語

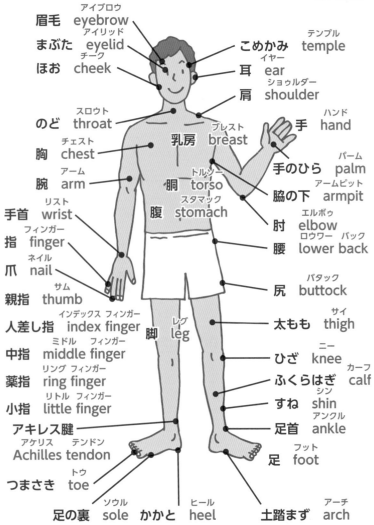

眉毛 アイブロウ eyebrow
まぶた アイリッド eyelid
ほお チーク cheek

こめかみ テンプル temple
耳 イヤー ear
肩 ショゥルダー shoulder

のど スロウト throat

胸 チェスト chest

腕 アーム arm

乳房 ブレスト breast

手 ハンド hand

手のひら パーム palm

胴 トルソー torso
腹 スタマック stomach

脇の下 アームピット armpit

肘 エルボゥ elbow

腰 ロゥワー バック lower back

手首 リスト wrist

指 フィンガー finger

爪 ネイル nail

親指 サム thumb

人差し指 インデックス フィンガー index finger

中指 ミドル フィンガー middle finger

薬指 リング フィンガー ring finger

小指 リトル フィンガー little finger

脚 レグ leg

尻 バタック buttock

太もも サイ thigh

ひざ ニー knee

ふくらはぎ カーフ calf

すね シン shin

足首 アンクル ankle

足 フット foot

アキレス腱 アケリス テンドン Achilles tendon

つまさき トウ toe

足の裏 ソウル sole

かかと ヒール heel

土踏まず アーチ arch

164

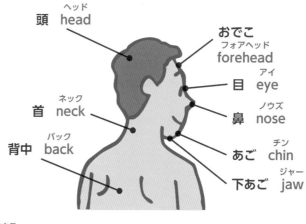

頭 ヘッド head

おでこ フォアヘッド forehead

目 アイ eye

鼻 ノウズ nose

首 ネック neck

背中 バック back

あご チン chin

下あご ジャー jaw

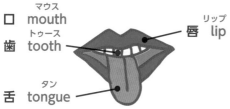

口 マウス mouth

歯 トゥース tooth

唇 リップ lip

舌 タン tongue

┌─ プラスアルファ英会話メモ ─┐

▶ leg と foot の違いは？

leg も foot も、日本語にすると「あし」ですが、leg は骨盤から足首まで、つまりズボンで隠れる部分のことで、foot は足首から爪先まで、つまり靴を履く部分を指します。日本語では、前者を「脚」、後者を「足」と書き分けて表記する場合がありますが、その区別と同じです。

体調が悪そうな人に、行くべき場所を提案する

病院に行ったほうがいいですよ。
ユー　シュッド　ゴー　トゥ　ア　ハスピタル
You should go to a hospital.

クリニック	ア クリニック a clinic
医者のところ	ア ドクタァ a doctor
歯科医院	ア デンティスト a dentist
薬局	ア ファーマシィ a pharmacy

どんなクリニックがあるか紹介する

英語の通じるクリニックがあります。
ゼア　イズ　ア　クリニック　　ウェア　　イングリッシュ　イズ　スポークン
There is a clinic where English is spoken.

英語を話す看護師のいる	ウェア　ア　ナース　スピークス　イングリッシュ where a nurse speaks English
アレルギー専門医のいる	ウィズ　アン　アレジィ　スペシャリスト with an allergy specialist
クレジットカードの使える	ウェア　　ユー　キャン　ユーズ　クレディット　カーズ where you can use credit cards

166

体調を落ち着かせるためにすることを提案する

横になるのがいいですよ。
ユー シュッド ライ ダウン
You should lie down.

ホテルに帰る	ゴー バック トゥ ユア ホテル go back to your hotel
休む	テイク ア レスト take a rest
水を飲む	ドゥリンク ア グラス オヴ ワラ drink a glass of water
薬を飲む	テイク メディシン take medicine

体調が悪そうな人に助けを申し出る

病院に案内しましょう。
アイル テイク ユー トゥ ア ハスピタル
I'll take you to a hospital.

クリニックまでの道を教える	ショウ ユー ザ ウェイ トゥ ア クリニック show you the way to a clinic
薬を買ってくる	バイ サム メディシン フォー ユー buy some medicine for you
タクシーを呼ぶ	コール ア タクスィ call a taxi
荷物を運ぶ	キャリイ ユア バッグ carry your bag
救急車を呼ぶ	コール アン アンビュランス call an ambulance

病院に関する単語

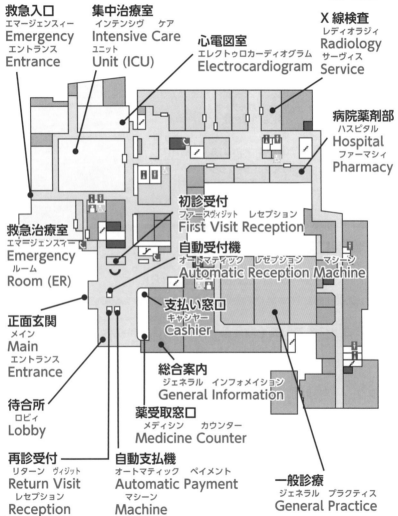

救急入口
エマージェンスィー
Emergency
エントランス
Entrance

集中治療室
インテンシヴ　ケア
Intensive Care
ユニット
Unit (ICU)

心電図室
エレクトゥロカーディオグラム
Electrocardiogram

X 線検査
レディオラジィ
Radiology
サーヴィス
Service

病院薬剤部
ハスピタル
Hospital
ファーマシィ
Pharmacy

救急治療室
エマージェンスィー
Emergency
ルーム
Room (ER)

初診受付
ファースヴィジット　レセプション
First Visit Reception

自動受付機
オートマティック　レセプション　マシーン
Automatic Reception Machine

支払い窓口
キャシャー
Cashier

正面玄関
メイン
Main
エントランス
Entrance

総合案内
ジェネラル　インフォメイション
General Information

待合所
ロビィ
Lobby

薬受取窓口
メディシン　カウンター
Medicine Counter

再診受付
リターン　ヴィジット
Return Visit
レセプション
Reception

自動支払機
オートマティック　ペイメント
Automatic Payment
マシーン
Machine

一般診療
ジェネラル　プラクティス
General Practice

168

緊急時に必要な単語

DL-82

避難経路 　Evacuation Route
（エヴァキュエイション　ルート）

消火器 　Fire Extinguisher
（ファイヤ　エクスティングイシャー）

消火栓 　Fire Hydrant
（ファイヤ　ハイドラント）

火災報知器 　Fire Alarm
（ファイヤ　アラーム）

非常ベル 　Emergency Alarm
（エマージェンスィー　アラーム）

非常口 　Evacuation Gate / Emergency Exit
（エヴァキュエイション　ゲイト　エマージェンスィー　エグジット）

AED 設置場所
Automated External Defibillator (AED) Location
（オートメイテッド　エクスターナル　デファイブリレイター　エーイーディー　ロケイション）

街・路上編

交通編

飲食店編

ショッピング編

スポーツ・イベント編

トラブル編

169

何かを探している様子の人に探しているものを尋ねる

何かを探していますか？
アー　ユー　　ルッキング　フォー　　サムシング
Are you looking for <u>something</u>?

財布　your wallet
　　　ユア　ワレット

誰か　someone
　　　サムワン

パスポート　your passport
　　　　　　ユア　パスポート

困った様子の人に状況を尋ねる

急いでいますか？
アー　ユー　イン　ア　ハリィ
Are you <u>in a hurry</u>?

問題がある　in trouble
　　　　　　イン　トラブル

ケガをしている　injured
　　　　　　　　インジャァド

事故や紛失で困っている人にアドバイスをする

警察に届けるのがいいです。
ユー　シュッド　リポート　ディス　トゥ　ザ　ポリース
You should <u>report this to the police</u>.

警察に通報する	コール　ザ　ポリース call the police
案内所に行く	ゴー トゥ アン インフォメイション オフィス go to an information office
大使館に行く	ゴー トゥ ジ　エンバシィ go to the embassy
領事館に行く	ゴー トゥ ザ　カンセレット go to the consulate
落ち着く	リラックス relax
深呼吸する	テイク ア ディープ　ブレス take a deep breath
レンタカー会社に連絡する	コール　ザ　カー　レンタル　オフィス call the car rental office

街・路上編

交通編

飲食店編

ショッピング編

ホテル・トラブル編

トラブル解決のために利用できる施設やサービスを伝える

休憩所を利用することができますよ。
ユー　キャン　ユーズ　ア　レスト　エリア
You can use a rest area.

いすに座る	スィット オン ア チェアー sit on a chair
遺失物取扱所に聞く	アスク アット　ザ　ロスト アンド ファウンド　カウンター ask at the lost and found counter
携帯電話を充電する	チャージ　ユア　モバイル　フォン charge your mobile phone

フランス語を話す人と会話する
トーク ウィズ ア　パーソン　フー　スピークス　フレンチ
talk with a person who speaks French

助けを申し出るときのフレーズ

助けが必要ですか？	ドゥ　ユー　ニード　ヘルプ Do you need help?
手伝いましょうか？	メイ アイ ヘルプ ユー　　ハウ キャン アイ May I help you? / How can I ヘルプ ユー help you?
どうかしましたか？	ハウ　ディド イット　ハプン How did it happen?
どんな痛みですか？	ホワッツ　ユア　ペイン ライク What's your pain like?
どれくらいひどいですか？	ハウ　バッド イズ イット How bad is it?

そのほかのお役立ち単語

盗難・紛失

窃盗 theft
セフト

強盗
robbery (行為) / robber (人)
ラバリー　　　　　　ラバー

盗む steal
スティール

盗まれる be stolen
ビー ストールン

泥棒 thief
シィーフ

スリ
pickpocketing (行為) /
ピックパケッティング
pickpocket (人：スリ)
ピックパケット

ひったくり
purse-snatching (行為) /
パーススナッチング
purse-snatcher (人：ひった
パーススナッチャー
くり(屋))

痴漢 groper
グロウパー

紛失 loss
ロス

失くす lose
ルーズ

失くした lost
ロスト

事故・病気

緊急事態 emergency
エマージェンスィー

交通事故 traffic accident
トゥラフィック アクシデント

衝突 collision
コリジョン

接触事故 near collision
ニア　　コリジョン

交通違反 traffic violation
トゥラフィック ヴァイオレイション

信号無視 run a red light
ラン ア レッド ライト

病気 disease
ディズィーズ

感染 infection
インフェクション

173

ウイルス	virus （ヴァイァラス）
注射	injection / shot （インジェクション / ショット）
予防接種	vaccination （ヴァクスィネイション）
医療通訳	medical interpreter （メディカル インターブリター）
救急車	ambulance （アンビュランス）
入院	admission （アドミッション）
退院	discharge （ディスチャージ）
手術	operation （オペレイション）
点滴	IV / drip （アイヴィ / ドリップ）
血液型	blood type （ブラッド タイプ）
輸血	transfusion （トランスフュージョン）
脳卒中	stroke （ストゥローク）
心臓発作	heart attack （ハート アタック）
高血圧	high blood pressure （ハイ ブラッド プレッシャー）
低血圧	low blood pressure （ロウ ブラッド プレッシャー）
糖尿病	diabetes （ダイアビーティーズ）
インフルエンザ	flu （フルゥ）
風邪	cold （コゥルド）
ぜんそく	asthma （アーズマ）
肺炎	pneumonia （ニューモーニア）
二日酔い	hangover （ハングオーヴァー）
食中毒	food poisoning （フード ポイゾニング）
消化不良	digestion problems （ダイジェスチョン プロブレムズ）
胃腸炎	gastroenteritis （ガストゥロエントライティス）
盲腸炎	appendicitis （アペンディサイティス）
火傷	burn （バーン）
ぎっくり腰	strained back （ストレインド バック）
ねんざ	sprain （スプレイン）
打撲	bruise （ブリューズ）
骨折	broken bone （ブロゥクン ボーン）
抗生物質	antibiotics （アンティバイオティクス）
消毒薬	disinfectant （ディスインフェクタント）

風邪薬 コゥルド メディシン cold medicine

湿布 コンプレス compress

鎮痛剤
ペインキラー ペイン メディシン
painkiller / pain medicine

解熱剤 フィーヴァー メディシン fever medicine

胃薬 スタマック メディシン stomach medicine

座薬 サパーザトリィ suppository

診療科目

内科 インターナル メディシン internal medicine

消化器内科
ガストゥロエントロロジィ
gastroenterology

呼吸器内科
レスピラトリィ メディシン /
respiratory medicine /
プルモノロジィ
pulmonology

免疫・アレルギー科
イミュノロジィ アレジィ
immunology / allergy

感染症内科
インフェクシャス ディズィーズィズ
infectious diseases

精神科 サイカイアトゥリィ psychiatry

循環器内科 カーディアロジィ cardiology

血液内科 ヒーマトロジィ hematology

腎臓内科 ネフォロロジィ nephrology

神経内科 ニューロロジィ neurology

小児科 ピディアトゥリクス pediatrics

外科 ジェネラル サージャリィ general surgery

消化器外科
ガストゥロインテスティナル サージャリィ
gastrointestinal surgery

脳神経外科
ニューロロジカル サージャリィ
neurological surgery

血管外科 ヴァスキュラァ サージャリィ vascular surgery

整形外科
オーソピディック サージャリィ
orthopedic surgery

産科 アブステトリックス obstetrics

街・路上編
交通編
飲食店編
ショッピング編
ホテル・イベント編
トラブル編

皮膚科	ダーマトロジィ dermatology		泌尿器科	ユーラロジィ urology
眼科	オフサルモロジィ ophthalmology		婦人科	ガイナコロジィ gynecology
心臓外科	カーディアク サージャリィ cardiac surgery		耳鼻咽喉科	
形成外科	プラスティック サージャリィ plastic surgery		エント オートゥライノゥラァリィンゴロジィ ENT / otorhinolaryngology	

身体

骨	ボーン bone	筋肉	マッスル muscle	肺	ラング lung
皮膚	スキン skin	血管	ブラッド ヴェッセル blood vessel	肝臓	リヴァー liver
鼓膜	イヤァドラム eardrum	肛門	アヌス anus	腎臓	キドニィ kidney
頭皮	スカルプ scalp	脳	ブレイン brain	胃	スタマック stomach
関節	ジョイント joint	心臓	ハート heart	腸	インテスティン intestine

新型コロナ関係

音声 DL / DL-86

街・路上編

交通編

飲食店編

ショッピング編

感染対策などに必要なことを助言する

ソーシャル・ディスタンスをとったほうがいいですよ。

ユー　シュド　ハヴ　ア　ソーシャル　ディスタンスィング
You should have a social distancing.

	サニタイズ　ユア　ハンズ
手を消毒する	sanitize your hands

	ウェア　ア　マスク
マスクをする	wear a mask

	ヴェンティレート　ア　ルーム
換気をする	ventilate a room

	テイク　ユア　テンプレチャー
体温を測る	take your temperature

可能な検査などを伝える

PCR検査を受けることができます。

ユー　キャン　テイク　ア　ビースィーアール　テスト
You can take a PCR test.

	テイク　アン　アンティジェン　テスト
抗原検査を受ける	take an antigen test

	リスィーヴ　ア　ネガティヴ　プルーフ
陰性証明を受ける	receive a negative proof

そのほかのお役立ち単語

新型コロナウイルス	コゥヴィッド ナインティーン COVID -19
ワクチンパスポート	ヴァクスィーン パスポート vaccine passport
2週間の隔離	トゥー ウィークス クァーレンティーン two weeks quarantine
自主隔離	セルフ アイソレイション self-isolation
感染を防ぐ	プリヴェント インフェクション prevent infection
ワクチン接種をする	ゲット ヴァクスィネイティッド get vaccinated
濃厚接触者	クロース カンタクト close contact
陽性	パズィティヴ positive
陰性	ネガティヴ negative
副反応	サイド エフェクト side effect

プラス・アルファの会話

外国人ともっと会話を楽しみたい、相手のことを聞いたり、自分のことを話したりしたい。そんなときに役立つ会話例をまとめました。あいづちの打ち方など、会話を続けるコツについても紹介します。どれもよく使う表現なので丸暗記がおすすめですが、英文中の下線が付いている単語を入れ替えると、さらにいろいろなことが表現できます。ぜひトライしてみてください！

▶相手のことを聞く

どこから来ました か？	ウェア　アー　ユー　フロム **Where are you from?**
どんな仕事をしてい るのですか？	ワット　ドゥ　ユー　ドゥ **What do you do?**
お名前は？	ワッツ　ユア　ネイム **What's your name?**

＊what's は what is の短縮形

▶今回の旅について尋ねる

どのくらいここにい る予定ですか？	ハウ　ロング　ウィル　ユー　ビー　ヒア **How long will you be here?**
日本に来たのは初め てですか？	イズ　ディス　ユア　ファースト　トリップ　トゥ　ジャパン **Is this your first trip to Japan?**
このあとはどこへ行 きますか？	ウェア　アー　ユー　ゴーイング　ネクスト **Where are you going next?**
京都へ行きました か？	ハヴ　ユー　ビーン　トゥ　キョート **Have you been to Kyoto?**
1人旅ですか？	アー　ユー　トラヴェリング　アローン **Are you traveling alone?**

▶日本について聞く

何か日本語を知っていますか？	ドゥ ユー ノウ エニー ジャパニーズ Do you know any Japanese?
日本はどうですか？	ハウ ドゥ ユー ライク ジャパン How do you like Japan?
日本の印象はどうですか？	ワッツ ユア インプレッション オヴ What's your impression of ジャパン Japan?
日本の食べ物は好きですか？	ドゥ ユー ライク ジャパニーズ フード Do you like Japanese food?

▶相手の好きなことや趣味を聞く

何のスポーツが好きですか？	ワット スポーツ ドゥ ユー ライク What sports do you like?
どんな音楽が好きですか？	ワット カインド オヴ ミュージック ドゥ ユー What kind of music do you ライク like?
好きな映画は何ですか？	ワッツ ユア フェイヴァリット ムーヴィー What's your favorite movie?

181

▶声をかけるときのお役立ちフレーズ

旅行者と思われる外国人が、困っている様子だったり、ひとりで手持ち無沙汰の様子だったりしたら、思い切って声をかけてみるのもよいでしょう。そんなときに役立つフレーズを紹介します。

エクスキューズ　ミー
Excuse me. （ちょっといいですか。）

初対面の人に「ちょっといいですか」というニュアンスで声をかけたいときに使える万能フレーズ。

アンド　ユー
And you? （あなたは？）

相手の名前を聞くときには、**I'm Takeshi. And you?** （僕はタケシです。あなたは？）と、まず自分から名乗るとスムーズです。パブなどお酒を飲む場で声をかけるときなどにぜひ。

ドゥ　ユー　ニード　ヘルプ
Do you need help? （お困りですか？）

困っている様子の人には、「手助けしましょうか？」と声をかけるのが自然です。※「トラブル編」（p.170）も参照。

アー　ユー　ハヴィング　ファン
Are you having fun? （楽しんでいますか？）

パーティやアクティビティを楽しむ場で声をかけるなら、このフレーズがぴったり。

▶聴き取れなかったときや言い方がわからないとき

 DL-88

もう一度言ってもらえますか？	クッド ユー セイ イット アゲイン Could you say it again?
何と言いました？	パードン パードン ミー Pardon? / Pardon me? / アイム ソーリー I'm Sorry?
もう少しゆっくり言ってもらえますか？	クッド ユー スピーク モア スロウリィ Could you speak more slowly?
どういう意味ですか？	ワット ドゥ ユー ミーン What do you mean?
ここに書いてもらえますか？	ウッド ユー ライト イット ダウン ヒア Would you write it down here?
どう説明していいのかわかりません。	アイ ドント ノウ ハウ トゥ エクスプレイン イット I don't know how to explain it.

▶相手のモノ・ことをほめる

あなたのTシャツいいですね。 どこで買ったのですか？	アイ ライク ユア ティーシャート I like your T-shirt. ウェア ディド ユー ゲット イット Where did you get it?
あなたの髪型が素敵です。	ユア ヘア ルクス グレイト Your hair looks great.
その帽子、似合っていますね。	ユー ルック グッド イン ザット ハット You look good in that hat.

私は<u>タイ</u>に行ったことがあります。	アイ ハヴ ビーン トゥ タイランド I have been to <u>Thailand</u>.
私は<u>札幌</u>に住んでいます。	アイ リヴ イン サッポロ I live in <u>Sapporo</u>.
私は<u>両親</u>と住んでいます。	アイ リヴ ウィズ マイ ペアレンツ I live with <u>my parents</u>.
私は<u>野球</u>が好きです。	アイ ライク ベイスボール I like <u>baseball</u>.
私は<u>大阪生</u>まれです。	アイ ワズ ボーン イン オーサカ I was born in <u>Osaka</u>.
私には<u>妹</u>がいます。	アイ ハヴ ア ヤンガー シスタァ I have <u>a younger sister</u>.
私には<u>兄</u>がいます。	アイ ハヴ アン オールダー ブラザァ I have <u>an older brother</u>.
私は<u>ネコ2匹とイヌ1匹</u>を飼っています。	アイ ハヴ トゥー キャッツ アンド ア ダーグ I have <u>two cats and a dog</u>.

▶自分の職業や立場を伝える

私はシステムエンジニアです。	アイム ア システム エンジニア I'm a system engineer.
私は営業職です。	アイ ワーク イン セールス I work in sales.
私は銀行で働いています。	アイ ワーク アット ア バンク I work at a bank.
私は市役所で働いています。	アイ ワーク アット シティ ホール I work at City Hall.
私は政府機関で働いています。	アイ ワーク フォー ザ ガヴァメント I work for the government.
私は旅行業界で働いています。	アイ ワーク イン トゥーリズム I work in tourism.
私はアルバイトをしています。	アイ ハヴ ア パータイム ジョブ I have a part-time job.
私は退職しています。	アイム リタイァード I'm retired.
私は大学生です。	アイム ア ユニヴァーシティ ステューデント I'm a university student.
私は法律を勉強しています。	アイム スタディイング ロー I'm studying law.

＊I'mはI amの短縮形

▶あいづちを打つ

 DL-90

その通りですね。	<ruby>That's<rt>ザッツ</rt></ruby> <ruby>right<rt>ライト</rt></ruby>.
確かにその通り。	<ruby>That's<rt>ザッツ</rt></ruby> <ruby>true<rt>トゥルー</rt></ruby>.
そう思います。	<ruby>I<rt>アイ</rt></ruby> <ruby>think<rt>シンク</rt></ruby> <ruby>so<rt>ソウ</rt></ruby>.
なるほど。	<ruby>I see<rt>アイスィー</rt></ruby>.
それは面白い。	<ruby>That's<rt>ザッツ</rt></ruby> <ruby>funny<rt>ファニィ</rt></ruby>.
ひどいですね（たいへんでしたね）。	<ruby>That's<rt>ザッツ</rt></ruby> <ruby>too<rt>トゥー</rt></ruby> <ruby>bad<rt>バッド</rt></ruby>.
よかったですね。	<ruby>Good<rt>グッド</rt></ruby> <ruby>for<rt>フォー</rt></ruby> <ruby>you<rt>ユー</rt></ruby>.
本当ですか？	<ruby>Really<rt>リアリィ</rt></ruby>?

＊ That's は That is の短縮形

186

▶仲良くなれたら

私が払います。	アイル ペイ フォー イット I'll pay for it.
私のおごりです。	イッツ オン ミー It's on me.
連絡を取り合いましょう。	キープ イン タッチ Keep in touch.
メールアドレスを教えてくれますか？	キャン アイ ゲット ユア イーメイル アドレス Can I get your e-mail address?
メールをください。	センド ミー アン イーメイル Send me an e-mail.
いつでも電話してください。	コール ミー エニタイム Call me anytime.

▶会話を続けるコツ

せっかく知り合った外国人ともう少し会話を続けたい。でも、自分からはなかなか言葉が出てこなくて…。そんなときには、上手に合いの手を入れることを心がけてみましょう。**Really?**(本当ですか?)や**I see.**(なるほど)などは、どのような場面でも使える便利なあいづちです。ただ、同じ言葉ばかり繰り返していると、相手は「本当に聞いてくれているのかな」と少し不安になるかもしれません。

そこでおすすめしたいのが、相手の言葉を繰り返してみること。たとえば、**I'm from Kenya.**(ケニアから来ました)と言う相手には**You are from Kenya!**(ケニアから来たんですね!)、**I like sushi.**(寿司が好き)と言われたら**You like sushi!**(寿司が好きなんですね!)、**I was in Kyoto yesterday.**(昨日は京都にいました)と言われたら**You were in Kyoto!**(京都にいたんですね!)といった調子です。

少し慣れたら、省略形にも挑戦しましょう。**I play table tennis.**(私は卓球をします)と言う相手には**Do you?**、**I went to the zoo.**(動物園に行きました)なら**Did you?**、**I'm reading a Japanese novel.**(日本の小説を読んでいます)なら**Are you?**と返すと、いずれも「そうなんですか?」というニュアンスの英語らしいあいづちになります。相手が使った動詞の時制に合わせなくてはいけないので少しハードルは上がりますが、これができれば、あなたの英語はワンランクアップ。がんばって!

お役立ち単語

┃ 家族・親戚

父	ファザー father		兄弟姉妹	ブラザーズ アンド シスターズ brothers and sisters
母	マザー mother		ひとりっ子	オンリー チャイルド only child
義父	ファザーインロー father-in-law		娘	ドーァァー daughter
義母	マザーインロー mother-in-law		息子	サン son
祖父	グランドファザー grandfather		孫	グランドチャイルド grandchild
祖母	グランドマザー grandmother		伯父・叔父	アンクル uncle
曽祖父	グレイトグランドファザー great-grandfather		伯母・叔母	アント aunt
曽祖母	グレイトグランドマザー great-grandmother		甥	ネフュー nephew
姉	オールダー シスター older sister		姪	ニース niece
弟	ヤンガー　ブラザー younger brother		いとこ	カズン cousin

┃ ペット

ハムスター	ハムスター hamster		文鳥	ジャヴァ スパロゥ Java sparrow
ウサギ	ラビット rabbit		カメ	タートル turtle
リス	スクワァレル squirrel		イグアナ	イグアナ iguana
フェレット	フェレット ferret		熱帯魚	トロピカル フィッシュ tropical fish
インコ	パラキート parakeet		金魚	ゴールドフィッシュ goldfish
オウム	パロット parrot		カブトムシ	ビートル beetle

▌職業

教師	ティーチャー teacher	建築家	アーキテクト architect
教授	プロフェッサー professor	大工	カーペンター carpenter
助教授	アシスタント プロフェッサー assistant professor	漁師	フィッシャーマン fisherman
博士	ドクター doctor	ジャーナリスト	ジャーナリスト journalist
研究員	リサーチャー researcher	作家	ライター writer
科学者	サイエンティスト scientist	写真家	フォトグラファー photographer
学者 (人文科学系)	スカラー scholar	起業家・企業家	アントレプレナー entrepreneur
カウンセラー	カウンセラー counselor	消防士	ファイヤ ファイター fire fighter
看護師	ナース nurse	警察官	ポリス オフィサー police officer
介護士	ケア ワーカー care worker	技術者	テクニシャン technician / エンジニア engineer
保育士	チャイルドケア ワーカー childcare worker		
理容師	バーバー barber	一般事務員	オフィス ワーカー office worker
美容師	ヘアドレッサー hairdresser	ゲームクリエイター	
店員	ストア クラーク store clerk		ゲイム ディヴェロッパー game developer
弁護士	ローイヤー lawyer	ユーチューバー	ユーチューバー YouTuber
税理士	タックス アカウンタント tax accountant	フリーランス	フリーランス freelance / セルフエンプロイド self-employed / インディペンデント independent
会計士	アカウンタント accountant		

単語リスト

基本単語

数字にまつわる単語や言い方、曜日、季節、国名などの基本的な単語をまとめました。

日本の伝統行事・食・文化

日本の季節の行事、食や伝統文化、遊びなどにまつわる言葉について、英語での言い換え例や説明を紹介します。

基本単語

数字

> 整数

- ☐ -1 マイナス ワン　minus one
- ☐ 0 ズィロ　zero
- ☐ 1 ワン　one
- ☐ 2 トゥー　two
- ☐ 3 スリー　three
- ☐ 4 フォー　four
- ☐ 5 ファイヴ　five
- ☐ 6 スィックス　six
- ☐ 7 セヴン　seven
- ☐ 8 エイト　eight
- ☐ 9 ナイン　nine
- ☐ 10 テン　ten
- ☐ 11 イレヴン　eleven
- ☐ 12 トゥエロヴ　twelve
- ☐ 13 サーティーン　thirteen
- ☐ 14 フォーティーン　fourteen
- ☐ 15 フィフティーン　fifteen
- ☐ 16 スィックスティーン　sixteen

- ☐ 17 セヴンティーン　seventeen
- ☐ 18 エイティーン　eighteen
- ☐ 19 ナインティーン　nineteen
- ☐ 20 トゥエンティ　twenty
- ☐ 21 トゥエンティワン　twenty-one
- ☐ 30 サーティ　thirty
- ☐ 40 フォーティ　forty
- ☐ 50 フィフティ　fifty
- ☐ 60 スィクスティ　sixty
- ☐ 70 セヴンティ　seventy
- ☐ 80 エイティ　eighty
- ☐ 90 ナインティ　ninety
- ☐ 99 ナインティナイン　ninety-nine
- ☐ 100 ワン ハンドレッド　one hundred
- ☐ 101 ワン ハンドレッド ワン　one hundred one
- ☐ 111 ワン ハンドレッド イレヴン　one hundred eleven
- ☐ 120 ワン ハンドレッド トゥエンティ　one hundred twenty
- ☐ 121 ワン ハンドレッド トゥエンティ ワン　one hundred twenty-one

- ❏ 199   ワン ハンドレッド ナインティナイン
one hundred ninety-nine
- ❏ 200   トゥー ハンドレッド
two hundred
- ❏ 999   ナイン ハンドレッド ナインティナイン
nine hundred ninety-nine
- ❏ 1,000   ワン サウザンド
one thousand
- ❏ 1,001   ワン サウザンド ワン
one thousand one
- ❏ 1,011   ワン サウザンド イレヴン
one thousand eleven
- ❏ 1,020   ワン サウザンド トゥエンティ
one thousand twenty
- ❏ 1,021   ワン サウザンド トゥエンティワン
one thousand twenty-one
- ❏ 1,099   ワン サウザンド ナインティナイン
one thousand ninety-nine
- ❏ 1,100   ワン サウザンド ワン ハンドレッド
one thousand one hundred

- ❏ 1,200
ワン サウザンド トゥー ハンドレッド
one thousand two hundred

- ❏ 1,999
ワン サウザンド ナイン ハンドレッド
one thousand nine hundred
ナインティナイン
ninety-nine

- ❏ 2,000   トゥー サウザンド
two thousand

- ❏ 9,999
ナイン サウザンド ナイン ハンドレッド
nine thousand nine hundred
ナインティナイン
ninety-nine

- ❏ 10,000 （1万）   テン サウザンド
ten thousand

- ❏ 100,000 （10万）
ワン ハンドレッド サウザンド
one hundred thousand

- ❏ 1,000,000 （100万）
ワン ミリオン
one million

- ❏ 10,000,000 （1,000万）
テン ミリオン
ten million

- ❏ 100,000,000 （1億）
ワン ハンドレッド ミリオン
one hundred million

- ❏ 1,000,000,000 （10億）
ワン ビリオン
one billion

- ❏ 10,000,000,000 （100億）
テン ビリオン
ten billion

- ❏ 100,000,000,000 （1,000億）
ワン ハンドレッド ビリオン
one hundred billion

- ❏ 1,000,000,000,000 （1兆）
ワン トリリオン
one trillion

- ❏ 10,000,000,000,000 （10兆）
テン トリリオン
ten trillion

- ❏ 100,000,000,000,000 （100兆）
ワン ハンドレッド トリリオン
one hundred trillion

- ❏ 1,000,000,000,000,000 （1,000兆）
ワン クワドリリオン
one quadrillion

- ❏ 10,000,000,000,000,000 （1京）
テン クワドリリオン
ten quadrillion

小数

- [ ] 0.01　zero point zero one
（ズィロ　ポイント　ズィロ　ワン）

- [ ] 0.1　zero point one
（ズィロ　ポイント　ワン）

- [ ] 3.14　three point one four
（スリー　ポイント　ワン　フォー）

- [ ] 30.14　thirty point one four
（サーティ　ポイント　ワン　フォー）

分数

- [ ] 2分の1　a half / one-half
（ア　ハーフ　　ワン　ハーフ）

- [ ] 3分の1　a third / one-third
（ア　サード　　ワン　サード）

- [ ] 4分の1　a quarter / one-quarter / one-fourth
（ア　クウォーター　　ワン　クウォーター　　ワン　フォース）

- [ ] 5分の1　one-fifth
（ワン　フィフス）

- [ ] 6分の1　one-sixth
（ワン　スィックス）

- [ ] 2と4分の1　two and one-fourth
（トゥー　アンド　ワン　フォース）

- [ ] 2と4分の3　two and three-fourths
（トゥー　アンド　スリー　フォース）

西暦・年代・世紀

 DL-93

年

- [ ] 1年　one year
（ワン　イヤー）

- [ ] 今年　this year
（ディス　イヤー）

- [ ] 昨年　last year
（ラスト　イヤー）

- [ ] 一昨年　year before last
（イヤー　ビフォー　ラスト）

- [ ] 来年　next year
（ネクスト　イヤー）

- [ ] 再来年　year after next
（イヤー　アフター　ネクスト）

西暦

- [ ] 101年　one oh-one
（ワン　オー　ワン）

- [ ] 999年　nine ninety-nine
（ナイン　ナインティナイン）

- [ ] 1900年　nineteen hundred
（ナインティーン　ハンドレッド）

- [ ] 1901年　nineteen oh-one
（ナインティーン　オー　ワン）

- [ ] 1910年　nineteen ten
（ナインティーン　テン）

- [ ] 1999年　nineteen ninety-nine
（ナインティーン　ナインティナイン）

- [ ] 2000年　two thousand
（トゥー　サウザンド）

- [ ] 2001年　two thousand one
（トゥー　サウザンド　ワン）

- [ ] 2010年　twenty ten
（トゥエンティ　テン）

- [ ] 2011年　twenty eleven
（トゥエンティ　イレヴン）

- [ ] 2020年　twenty twenty
（トゥエンティ　トゥエンティ）

- [ ] 2021年　twenty twenty-one
（トゥエンティ　トゥエンティワン）

＊西暦であることを明確に示す場合は前に the year をつける。

> 年代

❏ 10年　ア ディケイド
a decade

❏ 00年代（1900年〜1909年）
ザ　　ノウティーズ
the noughties

❏ 10年代（1910年〜1919年）
ザ　テンズ
the tens

❏ 20年代（1920年〜1929年）
ザ　トゥエンティーズ
the twenties

❏ 30年代（1930年〜1939年）
ザ　サーティーズ
the thirties

❏ 40年代（1940年〜1949年）
ザ フォーティーズ
the forties

❏ 50年代（1950年〜1959年）
ザ フィフティーズ
the fifties

❏ 60年代（1960年〜1969年）
ザ　スィックスティーズ
the sixties

❏ 70年代（1970年〜1979年）
ザ　セヴンティーズ
the seventies

❏ 80年代（1980年〜1989年）
ジ　エイティーズ
the eighties

❏ 90年代（1990年〜1999年）
ザ　ナインティーズ
the nineties

❏ 2000年代（2000年〜2009年）
ザ　トゥー　　サウザンズ
the two thousands

❏ 2010年代（2010年〜2019年）
ザ　トゥエンティ テンズ
the twenty tens

> 世紀

❏ 100年　ア センチュリー
a century

❏ 1世紀（1年〜100年）
ザ　ファースト センチュリー
the first century

❏ 10世紀（901年〜1000年）
ザ　テンス　センチュリー
the tenth century

❏ 19世紀（1801年〜1900年）
ザ　ナインティーンス センチュリー
the nineteenth century

❏ 20世紀（1901年〜2000年）
ザ　トゥエンティエス センチュリー
the twentieth century

❏ 21世紀（2001年〜2100年）
ザ　トゥエンティファースト センチュリー
the twenty-first century

❏ 100周年／ 100年祭　ハンドレッド
100th
アニバーサリー　　　センテニアル
anniversary / centennial

❏ 紀元前　ビフォー ジ　　コモン
before the Common
エラ　　ビフォー クライスト
Era / before Christ（キ

リスト以前）⇒　B.C.

❏ 紀元後　ジ　コモン　　エラ
the Common Era /
アノ　　ドミニ
Anno Domini（主の年に）

⇒　A.D.

暦の月

❏ 1月　January <small>ジャニュアリィ</small>

❏ 2月　February <small>フェブルァリィ</small>

❏ 3月　March <small>マーチ</small>

❏ 4月　April <small>エィプリル</small>

❏ 5月　May <small>メィ</small>

❏ 6月　June <small>ジューン</small>

❏ 7月　July <small>ジュラィ</small>

❏ 8月　August <small>オゥガスト</small>

❏ 9月　September <small>セプテンバー</small>

❏ 10月　October <small>オクトゥーバー</small>

❏ 11月　November <small>ノヴェンバー</small>

❏ 12月　December <small>ディセンバー</small>

❏ 1月上旬　early January <small>アーリィ ジャニュアリィ</small>

❏ 1月中旬　mid-January <small>ミッドジャニュアリィ</small>

❏ 1月下旬　late January <small>レィト ジャニュアリィ</small>

❏ 1月の初め
the beginning of January <small>ザ ビギニング オヴ ジャニュアリィ</small>

❏ 1月の終わり
the end of January <small>ジ エンド オヴ ジャニュアリィ</small>

❏ 今月　this month <small>ディス マンス</small>

❏ 先月　last month <small>ラスト マンス</small>

❏ 来月　next month <small>ネクスト マンス</small>

日・順番

❏ 1日／1番目　first <small>ファースト</small>

❏ 2日／2番目　second <small>セカンド</small>

❏ 3日／3番目　third <small>サード</small>

❏ 4日／4番目　fourth <small>フォース</small>

❏ 5日／5番目　fifth <small>フィフス</small>

❏ 6日／6番目　sixth <small>スィックス</small>

❏ 7日／7番目　seventh <small>セヴンス</small>

❏ 8日／8番目　eighth <small>エィス</small>

❏ 9日／9番目　ninth <small>ナィンス</small>

❏ 10日／10番目　tenth <small>テンス</small>

❏ 11日／11番目　eleventh <small>イレヴンス</small>

❏ 12日／12番目　twelfth <small>トゥエルフス</small>

❏ 13日／13番目　thirteenth <small>サーティーンス</small>

❏ 14日／14番目　fourteenth <small>フォーティーンス</small>

❏ 15日／15番目　fifteenth <small>フィフティーンス</small>

❏ 16日／16番目　sixteenth <small>スィックスティーンス</small>

❏ 17日／17番目　seventeenth <small>セヴンティーンス</small>

❏ 18日／18番目　eighteenth <small>エィティーンス</small>

❏ 19日／19番目 _{ナインティーンス} nineteenth	❏ 27日／27番目 _{トゥエンティセヴンス} twenty-seventh
❏ 20日／20番目 _{トゥエンティエス} twentieth	❏ 28日／28番目 _{トゥエンティエイス} twenty-eighth
❏ 21日／21番目 _{トゥエンティファースト} twenty-first	❏ 29日／29番目 _{トゥエンティナインス} twenty-ninth
❏ 22日／22番目 _{トゥエンティセカンド} twenty-second	❏ 30日／30番目 _{サーティース} thirtieth
❏ 23日／23番目 _{トゥエンティサード} twenty-third	❏ 31日／31番目 _{サーティファースト} thirty-first
❏ 24日／24番目 _{トゥエンティフォース} twenty-fourth	❏ 99番目 _{ナインティナインス} ninety-ninth
❏ 25日／25番目 _{トゥエンティフィフス} twenty-fifth	❏ 100番目 _{ワン ハンドレッス} one hundredth
❏ 26日／26番目 _{トゥエンティスィックス} twenty-sixth	❏ 101番目 _{ワン ハンドレッド ファースト} one hundred first

曜日と週

❏ 曜日 _{デイ オヴ ザ ウィーク} day of the week	❏ 今週の金曜日 _{ディス カミング フライデイ} this (coming) Friday
❏ 月曜日 _{マンデイ} Monday	❏ 先週の金曜日 _{ラスト フライデイ} last Friday
❏ 火曜日 _{チューズデイ} Tuesday	❏ 来週の金曜日
❏ 水曜日 _{ウェンズデイ} Wednesday	_{ネクスト フライデイ フライデイ ネクスト ウィーク} next Friday / Friday next week
❏ 木曜日 _{サーズデイ} Thursday	❏ 今週の金曜日の夜 _{ディス カミング フライデイ ナイト} this (coming) Friday night
❏ 金曜日 _{フライデイ} Friday	
❏ 土曜日 _{サタデイ} Saturday	❏ 先週の金曜日の夜 _{ラスト フライデイ ナイト} last Friday night
❏ 日曜日 _{サンデイ} Sunday	❏ 来週の金曜日の夜 _{ネクスト フライデイ ナイト} next Friday night / _{フライデイ ナイト ネクスト ウィーク} Friday night next week
❏ 今週 _{ディス ウィーク} this week	
❏ 先週 _{ラスト ウィーク} last week	❏ 平日（月曜日～金曜日） _{ウィークデイズ} weekdays
❏ 先々週 _{ウィーク ビフォア ラスト} week before last	❏ 週末（土曜日と日曜日） _{ウィークエンド} weekend
❏ 来週 _{ネクスト ウィーク} next week	＊週末の期間に関しては、金曜日の夜から など諸説ある。
❏ 再来週 _{ウィーク アフター ネクスト} week after next	

年月日と曜日（アメリカ式）

❑ 1月1日　January first
　ジャニュアリィ　ファースト

❑ 2021年1月1日
　ジャニュアリィ　ファースト　トゥエンティ　トゥエンティワン
　January first, twenty twenty-one

❑ 2021年1月1日金曜日
　フライデイ　ジャニュアリィ　ファースト　トゥエンティ
　Friday, January first, twenty
　トゥエンティワン
　twenty-one

休日

❑ 休日（土曜日と日曜日と祝日）
　ハリデイ
　holiday

＊労働形態によって異なる。

❑ 祝日（国民の祝日）　public holiday
　　　　　　　　　　パブリック　　ハリデイ

❑ 休暇　vacation
　　　　ヴェケイション

❑ 夏休み　summer vacation
　　　　　サマー　　ヴェケイション

❑ 春休み　spring vacation
　　　　　スプリング　ヴェケイション

❑ 冬休み　winter vacation
　　　　　ウィンター　ヴェケイション

❑ 長期休暇　long vacation
　　　　　　ロング　ヴェケイション

❑ 短期休暇　short break
　　　　　　ショート　ブレイク

❑ 有給休暇　paid holiday /
　　　　　　ペイド　ハリデイ
　　　　　　paid time off（PTO）
　　　　　　ペイド　タイム　オフ

日にち

❑ 今日/本日　today
　　　　　　　トゥデイ

❑ 昨日（きのう）　yesterday
　　　　　　　　　イエスタデイ

❑ 一昨日（おととい）／2日前
　ザ　　デイ　ビフォー　イエスタデイ
　the day before yesterday /
　トゥー　デイズ　アゴゥ
　two days ago

❑ 一昨昨日（さきおととい）／3日前
　トゥー　デイズ　ビフォー　　イエスタデイ
　two days before yesterday /
　スリー　デイズ　アゴゥ
　three days ago

❑ 4日前　four days ago
　　　　　フォー　デイズ　アゴゥ

❑ 明日（あした）　tomorrow
　　　　　　　　　トゥモロウ

❑ 明後日（あさって）／2日後
　ザ　　デイ　アフター　　トゥモロウ
　the day after tomorrow /
　トゥー　デイズ　レイター
　two days later

❑ 明明後日（しあさって）／3日後
　トゥー　デイズ　アフター　　トゥモロウ
　two days after tomorrow /
　スリー　デイズ　レイター
　three days later

❑ 4日後　four days later
　　　　　フォー　デイズ　レイター

❑ 先日　the other day
　　　　ジ　アザー　　デイ

□ 後日　　　　レイター
　　　　　　　later

□ 今朝（けさ）ディス　モーニング
　　　　　　　this morning

□ 昨日の朝　　イエスタデイ　モーニング
　　　　　　　yesterday morning

□ 明日の朝　　トゥモロウ　　モーニング
　　　　　　　tomorrow morning

□ 今夜　　　　トゥナイト
　　　　　　　tonight

□ 昨夜　　　　ラスト　ナイト
　　　　　　　last night

□ 明日の夜　　トゥモロウ　　ナイト
　　　　　　　tomorrow night

時間

□ 8:00　エイト　　エイト　オクロック
　eight / eight o'clock

□ 8:05　エイト　オー　ファイヴ　ファイヴ　パスト
　eight oh five / five past
　エイト
　eight

□ 8:15　エイト　フィフティーン　フィフティーン
　eight fifteen / fifteen
　パスト　エイト　　クウォーター　パスト
　past eight / quarter past
　エイト
　eight

□ 8:20　エイト　トゥエンティ　トゥエンティ
　eight twenty / twenty
　パスト　エイト
　past eight

□ 8:30　エイト　サーティ　サーティ　パスト
　eight thirty / thirty past
　エイト　　ハーフ　パスト　エイト
　eight / half past eight

□ 8:35　エイト　サーティファイヴ
　eight thirty-five /
　トゥエンティファイヴ　トゥ　ナイン
　twenty-five to nine
　（9時25分前）

□ 8:45　エイト　フォーティファイヴ
　eight forty-five /
　フィフティーン　トゥ　ナイン　　クウォーター
　fifteen to nine / quarter
　トゥ　ナイン
　to nine
　（9時15分前）

□ 8:50　エイト　フィフティ　　テン　トゥ　ナイン
　eight fifty / ten to nine
　（9時10分前）

□ 10分前　テン　　ミニッツ　アゴゥ
　ten minutes ago

□ 10分後　イン　テン　　ミニッツ
　in ten minutes /
　テン　　ミニッツ　レイター
　ten minutes later

□ 10分以内　ウィズイン　テン　　ミニッツ
　within ten minutes

□ 時間内に／間に合って　イン　タイム
　in time

□ 時間通りに　オン　タイム
　on time

時間帯

 音声DL DL-96

❏ 午前（0時〜11時59分）
モーニング　エイエム　エイエム
morning / a.m. / A M

❏ 正午（12時）
ヌーン　トゥエルブ ピーエム
noon / 12:00 p.m.

❏ 午後（12時〜23時59分）
アフタヌーン　ピーエム　ピーエム
afternoon / p.m. / P M

❏ 真夜中（24時）
ミッドナイト　トゥエルブ エイエム
midnight / 12:00 a.m.

❏ 夕方（日没／午後6時〜9時頃）
イヴニング
evening

❏ 夜／晩（午後9時頃〜午前4時頃）
ナイト
night

❏ 夜明け前（午前4時頃〜日の出）
ドーン
dawn

❏ 過去　パスト past

❏ 現在　プレゼント present

❏ 未来　フューチャー future

季節

❏ 春　スプリング spring

❏ 夏　サマー summer

❏ 秋　オータム　フォール autumn / fall

❏ 冬　ウィンター winter

❏ 初夏　アーリィ サマー early summer

❏ 真夏　ミッドサマー mid-summer

❏ 晩夏　レイト サマー late summer

❏ 四季　フォー スィーズンズ four seasons

単位

> 長さ

❏ ミリメートル　ミリメイター ズ millimeter(s)

❏ センチメートル　センティメイター ズ centimeter(s)

❏ メートル　ミーター ズ meter(s)

❏ キロメートル　キラミター ズ kilometer(s)

>重さ

□ グラム　_{グラァム　ズ}gram(s)

□ キログラム　_{キログラァム　ズ}kilogram(s)

□ トン　_{トン　ズ}ton(s)

>面積・体積・容積

□ 平方メートル　_{スクェア　ミーター　ズ}square meter(s)

□ 立方メートル　_{キュービック　ミーター　ズ}cubic meter(s)

□ ミリリットル　_{ミリリター　ズ}milliliter(s)

□ リットル　_{リター　ズ}liter(s)

国名と国籍・人種（50音順）

 音声DL　DL-97

ア行

□ アイルランド
アイルランド　リパブリック　オヴ　アイルランド
Ireland / Republic of Ireland

□ アイルランド人　_{アイリッシュ}Irish

□ アメリカ／アメリカ合衆国
アメリカ /
America /
ユナイテッド　ステイツ　オヴ　アメリカ
United States of America

(USA)

□ アメリカ人　_{アメリカン}American

□ アルゼンチン　_{アージェンティーナ}Argentina

□ アルゼンチン人　_{アージェンティニアン}Argentinian

□ イギリス　_{ユナイテッド　キングダム}United Kingdom (UK)

□ イギリス人　_{ブリティッシュ}British

□ イスラエル
イズレォ　ステイト　オヴ　イズレォ
Israel / State of Israel

□ イスラエル人　_{イズレイリィ}Israeli

□ イタリア　_{イタリィ　イタリアン}Italy / Italian
_{リパブリック}Republic

□ イタリア人　_{イタリアン}Italian

□ インド
インディア　リパブリック　オヴ　インディア
India / Republic of India

□ インド人　_{インディアン}Indian

□ インドネシア
インドネィジャ　リパブリック オヴ インドネィジャ
Indonesia / Republic of Indonesia

□ インドネシア人　インドネィジャン
Indonesian

□ エジプト　イージプト
Egypt

□ エジプト人　イジプシャン
Egyptian

□ オーストラリア
アストレィリァ
Australia /
コモンウェルス　オヴ アストレィリァ
Commonwealth of Australia

□ オーストラリア人　アストレィリアン
Australian

□ オーストリア
アストゥリァ　リパブリック オヴ アストゥリァ
Austria / Republic of Austria

□ オーストリア人　アストゥリアン
Austrian

□ オランダ　ネザァランズ
Netherlands

□ オランダ人　ダッチ
Dutch

カ行

□ カナダ　キャナダァ
Canada

□ カナダ人　キャネィディアン
Canadian

□ 韓国
サウス　コリア　リパブリック オヴ　コリア
South Korea / Republic of Korea

□ 韓国人　コリアン
Korean

□ ギリシャ　グリース
Greece

□ ギリシャ人　グリーク
Greek

□ ケニア　ケニヤ
Kenya

□ ケニア人　ケニヤン
Kenyan

□ コロンビア　コロンビア
Colombia

□ コロンビア人　コロンビアン
Colombian

サ行

□ ジャマイカ　ジャメイカ
Jamaica

□ ジャマイカ人　ジャメイカン
Jamaican

□ シンガポール
シンガポーア　リパブリック オヴ シンガポーア
Singapore / Republic of Singapore

□ シンガポール人　シンガポーリアン　Singaporean

□ スイス
スウィッツァランド　スウィス カンフェデレイション
Switzerland / Swiss Confederation

□ スイス人　スウィス　Swiss

□ スウェーデン
スウィーデン　キングダム オヴ スウィーデン
Sweden / Kingdom of Sweden

□ スウェーデン人　スウィード　Swede

□ スペイン　スペイン　Spain

□ スペイン人　スパニァード　Spaniard

タ行

□ タイ
タイランド
Thailand /
ザ　キングダム オヴ タイランド
the Kingdom of Thailand

□ タイ人　タイ　Thai

□ 台湾
タイワン　リパブリック オヴ チャイナ
Taiwan / Republic of China

□ 台湾人　タイワニーズ　Taiwanese

□ 中国
チャイナ　ピーポーズ リパブリック オヴ チャイナ
China / People's Republic of China

□ 中国人　チャイニーズ　Chinese

□ デンマーク
デンマーク　キングダム オヴ デンマーク
Denmark / Kingdom of Denmark

□ デンマーク人　デーン　Dane

□ ドイツ
ジャーマニィ
Germany /
フェデラル リパブリック オヴ ジャーマニィ
Federal Republic of Germany

□ ドイツ人　ジャーマン　German

□ トルコ
ターキィー　リパブリック オヴ ターキィー
Turkey / Republic of Turkey

□ トルコ人　ターク　Turk

203

□ ナイジェリア Nigeria
　　　　　　　　ナイジェリア

□ ナイジェリア人 Nigerian
　　　　　　　　　ナイジェリアン

□ ニュージーランド
　New Zealand
　ニュー　ズィーランド

□ ニュージーランド人
　New Zealander
　ニュー　ズィーランダー

□ ノルウェー
　Norway / Kingdom of Norway
　ノァウェイ　　キングダム　オヴ　ノァウェイ

□ ノルウェー人 Norwegian
　　　　　　　　ノァウィージャン

ハ行

□ パキスタン
　Pakistan /
　パーカスターン
　Islamic Republic of Pakistan
　イスラミック　リパブリック　オヴ　パーカスターン

□ パキスタン人 Pakistani
　　　　　　　　パーカスターニ

□ ハンガリー Hungary
　　　　　　　　ハンガリィ

□ ハンガリー人 Hungarian
　　　　　　　　ハンガリアン

□ バングラデシュ
　Bangladesh /
　バングラデーッシュ
　People's Republic of
　ピープルズ　リパブリック　オヴ
　Bangladesh
　バングラデーッシュ

□ バングラデシュ人 Bangladeshi
　　　　　　　　　　バングラデシー

□ フィリピン
　Philippines /
　フィリピーンズ
　Republic of the Philippines
　リパブリック　オヴ　ザ　フィリピーンズ

□ フィリピン人 Filipino
　　　　　　　　フィリピーノゥ

□ フィンランド Finland
　　　　　　　　フィンランド

□ フィンランド人 Finn
　　　　　　　　　フィン

□ ブラジル
　Brazil /
　ブラズィール
　Federative Republic of Brazil
　フェデラティヴ　リパブリック　オヴ　ブラズィール

□ ブラジル人 Brazilian
　　　　　　　ブラズィリアン

□ フランス France
　　　　　　　フランス

□ フランス人 French
　　　　　　　フレンチ

☐ ブルガリア
ブルガリア　　　リパブリック　オヴ　ブルガリア
Bulgaria / Republic of Bulgaria

☐ ブルガリア人　ブルガリアン
Bulgarian

☐ ベトナム
ヴィエッナーム
Vietnam /
ソシアリスト　リパブリック　オヴ　ヴィエッナーム
Socialist Republic of Vietnam

☐ ベトナム人　ヴィエッナミーズ
Vietnamese

ペリュウ　　　リパブリック　オヴ　ペリュウ
☐ ペルー　Peru / Republic of Peru

☐ ペルー人　ペルヴィアン
Peruvian

☐ ベルギー
ベルジャン　　　キングダム　オヴ　ベルジャン
Belgium / Kingdom of Belgium

☐ ベルギー人　ベルジン
Belgian

☐ ポーランド　ポーランド
Poland

☐ ポーランド人　ポール
Pole

☐ ポルトガル　ポーチュガル
Portugal

☐ ポルトガル人　ポーチュギーズ
Portuguese

☐ マ行

☐ マレーシア　マレイジャ
Malaysia

☐ マレーシア人　マレイジャン
Malaysian

☐ メキシコ
メクスィコ　　　ユナイテッド　メクスィカン　ステイツ
Mexico / United Mexican States

☐ メキシコ人　メクスィカン
Mexican

☐ モンゴル
モンゴリア
Mongolia /
モンゴリアン　　　ピープルズ　　　リパブリック
Mongolian People's Republic

☐ モンゴル人　モンゴリアン
Mongolian

☐ ラ行

☐ ルーマニア　ロメィニア
Romania

☐ ルーマニア人　ロメィニアン
Romanian

☐ ロシア
ロッシャ　　　ロッシャン　フェデレイション
Russia / Russian Federation

☐ ロシア人　ロッシャン
Russian

日本の伝統行事・食・文化

❑ 正月
ニュー　イヤーズ　ハリデイズ
New Year's Holidays

❑ 元日
ニュー　イヤーズ　デイ
New Year's Day

❑ 成人の日
カミングオヴエイジ　デイ
Coming-of-Age Day

❑ 節分
イヴ　オヴ　ザ　ファースト
Eve of the First
デイ　オヴ　スプリング
Day of Spring

❑ 豆まき
ビーン　スローイング
Bean Throwing
セレモニー
Ceremony

❑ 立春
ファースト　デイ　オヴ　スプリング
First Day of Spring

❑ ひな祭り (桃の節句)
ガールズ　フェスティヴァル /
Girls' Festival /
ドールズ　フェスティヴァル
Dolls' Festival
ブラッサム　フェスティヴァル
(Blossom Festival)

❑ お花見
チェリー　　ブラッサム
Cherry Blossom
ヴューイング
Viewing

❑ お彼岸
エクィノクシャル　ウィーク
Equinoctial Week

❑ 春分
スプリング エクィノックス　デイ
Spring Equinox Day

❑ 端午の節句 (子どもの日)
ボーイズ　フェスティヴァル
Boys' Festival
チルドレンズ　デイ
(Children's Day)

❑ 夏至
サマー　　ソルスティス
Summer Solstice

❏ 七夕　スター　フェスティヴァル
Star Festival

❏ 土用の丑の日
うし
ミッドサマー　デイ
Mid-Summer Day
オヴ　ジ　オックス
of the Ox

❏ お盆　ボン　フェスティヴァル
Bon Festival

❏ 敬老の日
リスペクト　フォー　シニア
Respect-for-Senior-
シチズンズ　デイ
Citizens Day

❏ 秋分
オータムナル　エクィノックス
Autumnal Equinox
デイ
Day

❏ 十五夜（月見）
フルムーン　フェスティヴァル
Full-Moon Festival
ハーヴェスト　ムーン
/ Harvest Moon
ムーンヴューイング
(Moon-Viewing)

❏ 文化の日
カルチャー　デイ
Culture Day

❏ 七五三
ガーラ　デイ フォー チルドレン
Gala Day for Children
エイジド　スリー　ファイヴ
Aged Three, Five
アンド　セヴン
and Seven

❏ 紅葉狩り
オータム
Autumn
リーフヴューイング
Leaf-Viewing

❏ 勤労感謝の日
レイバー
Labor
サンクスギヴィング　デイ
Thanksgiving Day

❏ 冬至
ウィンター　ソルスティス
Winter Solstice

❏ 大晦日
ニュー　イヤーズ　イヴ
New Year's Eve

☐ 門松
かどまつ
ニュー イヤーズ パイン
New Year's pine
デコレイション
decoration

☐ 鏡餅
かがみもち
ニュー イヤーズ ラウンド
New Year's round
ライス ケイク
rice cake

☐ 年賀状
ニュー イヤーズ
New Year's
グリーティング カード
greeting card

☐ 注連飾り
しめ
ストロゥ ロウプ
straw rope
デコレイション
decoration

☐ 初夢
ファースト ドリーム オヴ ザ
first dream of the
ニュー イヤー
New Year

☐ お年玉
ニュー イヤーズ ギフト
New Year's gift
マニー
money

☐ 初詣
はつもうで
ニュー イヤーズファースト
New Year's first
ヴィジット トゥ シュラインズ オア
visit to shrines or
テンプルズ
temples

☐ 初日の出
ファースト サンライズ オヴ ザ
first sunrise of the
ニュー イヤー
New Year

☐ 書き初め
ファースト ライティング オヴ ジ
first writing of the
イヤー
year

☐ 鯉のぼり
カープ ストリーマー
carp streamer

☐ 菖蒲湯
しょうぶ
バス ウィズ スウィート フラグ
bath with sweet flag

□ 梅雨 つゆ レイニィ スィーズン rainy season

□ 短冊 ストリップス オヴ strips of ペイパァ paper

□ 暑中見舞い サマー グリーティング summer greeting カード card

□ お中元 ミッドイヤー サマー mid-year summer ギフト gift

□ 盆踊り ボン ダンス bon dance

□ 灯籠流し とうろう フロゥティング ランターン floating lantern

□ お歳暮 イヤーエンド ギフト year-end gift

□ 柚子湯 ゆず バス ウィズ ユズ bath with yuzu

行事食

音声DL DL-100

正月

□ おせち料理 オセチ クイズィーン osechi cuisine / ジャパニーズ トラディショナル Japanese traditional ニュー イヤーズ ディッシィズ New Year's dishes

□ 餅 ライス ケイク rice cake

□ お雑煮 ぞうに トラディショナル traditional ジャパニーズ ニュー イヤーズ Japanese New Year's スープ ディッシュ soup dish

□ **お屠蘇**
とそ
スパイスド ジャパニーズ
spiced Japanese
サケ フォー ニュー イヤーズ
sake for New Year's

□ **七草粥**
セヴン ハーブ ライス
seven-herb rice
ポリッジ
porridge

（節分）

□ **福豆**
ローステッド ソイビーンズ
roasted soybeans

□ **恵方巻き**
えほう
スペシャル スシ ロール
special sushi roll

（ひな祭り）

□ **ちらし寿司**
スシ ディッシュウィズ
sushi dish with
ラッキー イングリーディエンツ
lucky ingredients

□ **蛤の吸い物**
はまぐり
クラム スープ
clam soup

□ **桜餅**
ピンク ライス ケイク フィルド
pink rice cake filled
ウィズ スウィート ビーン
with sweet bean
ペイスト
paste

□ **ひし餅**
ダイアモンドシェイプド
diamond-shaped
アンド スリーカラード
and three-colored
ライス ケイク
rice cake

□ **ひなあられ**
スウィート カラフル ライス
sweet colorful rice
スナックス
snacks

（子どもの日）

□ **かしわ餅**
ライス ケイク ラップド
rice cake wrapped
イン オーク リーヴズ
in oak leaves

❏ **ちまき**
ライス ダンプリングズ
rice dumplings
ラップド イン
wrapped in
バンブー リーヴズ
bamboo leaves

土用の丑の日

❏ **うな丼**
グリルド イール ボウル
grilled eel bowl

お盆

❏ **白玉団子**
スティッキー ライス ボールズ
sticky rice balls /
ジャパニーズ スウィート
Japanese sweet
ダンプリング ボールズ
dumpling balls

❏ **精進料理**
ブディスト
Buddhist
ヴェジタリアン ミール
vegetarian meal

七五三

❏ **千歳飴**
チトセ キャンディ
chitose candy /
ロング スティック オヴ レッド
long stick of red
アンド ホワイト キャンディ
and white candy

大晦日

❏ **年越しそば**
ソバ ヌードルズ
soba noodles
イートゥンアットナイト オン
eaten at night on
ニュー イヤーズ イヴ
New Year's Eve

祝い事

❏ **赤飯**
フェスティヴ レッド ライス
festive red rice /
スティームド ライス ウィズ
steamed rice with
ボイルド レッド ビーンズ
boiled red beans

❏ **鯛の尾頭付き**
ホール グリルド スィー
whole grilled sea
ブリーム
bream

季節の味覚

春

□ 菜の花
カノーラ　フラワー
canola flower

□ タケノコ
バンブー　シュート
bamboo shoot

□ ふき
ジャパニーズ　バタバー
Japanese butterbur

□ 桜エビ
サクラ　シュリンプ
sakura shrimp /
スモール　ピンク　シュリンプ
small pink shrimp

□ アサリ
ベイビィ　クラム
baby clam

□ タケノコご飯
スティームド　ライス　ウィズ
steamed rice with
バンブー　　　シューツ
bamboo shoots

□ 山菜の天ぷら
エディブル　ワイルド　プラント
edible wild plant
テンプラ
tempura

夏

□ ゴーヤ
ビター　メロン
bitter melon

□ そら豆
ファヴァ　ビーン
fava bean

□ オクラ
オクラ　レイディーズ　フィンガーズ
okra / ladies' fingers

□ ミョウガ
ジャパニーズ　ジンジャー
Japanese ginger

□ ハモ
スィー　イール
sea eel

□ そうめん
ジャパニーズ ウィート
Japanese wheat
フラワー ヌードルズ
flour noodles

□ 麦茶 バーリィ ティー barley tea

秋

□ 栗 チェスナット chestnut

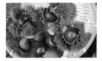

□ 柿 パーシモン persimmon

□ サツマイモ
スウィート パテイトウ
sweet potato

□ レンコン
ロータス ルート
lotus root

□ 銀杏 ギンコウ ナッツ ginkgo nuts

□ サンマの塩焼き
グリルド サーリ ウィズ ソルト
grilled saury with salt

□ 栗ごはん
チェスナット ライス
chestnut rice /
スティームド ライス ウィズ
steamed rice with
チェスナット
chestnut

 冬

□ 白菜
チャイニーズ キャビッジ
Chinese cabbage

□ 大根
ダイコン ラディッシュ
daikon radish /
ジャパニーズ ラディッシュ
Japanese radish

□ ユズ
ユズ スモール シトラス
yuzu, small citrus
フルート
fruit

□ ミカン
マンダリン オレンジ
mandarin orange

□ カニ クラブ crab

□ アンコウ
アングラーフィッシュ
anglerfish

□ 鍋
ホット ポット /
hot pot /
ジャパニーズ ステュウ
Japanese stew

□ おしるこ
スウィート
sweet
レッド ビーン スープ
red bean soup
ウィズ ライス ケイク
with rice cake

伝統芸能・工芸品・遊び

□ 神楽(かぐら)
シントウ ミュージック アンド
Shinto music and
ダンス
dance

□ 雅楽(ががく)
エィンシェント コート
ancient court
ミュージック アンド ダンス
music and dance

□ 三味線
スリーストリングド
three-stringed
インストゥルメント
instrument

□ 尺八
ヴァーティカル バンブー
vertical bamboo
フルート
flute

□ 琴
ジャパニーズ ハープ
Japanese harp

□ 日本舞踊
クラシカル ジャパニーズ
classical Japanese
ダンス
dance

□ **能**
トラディショナル　マスクト
traditional masked
ダンス　ドラマ
dance drama

□ **狂言**
トラディショナル
traditional
コメディック　ドラマ
comedic drama

□ **文楽**
トラディショナル　パペット
traditional puppet
プレイ
play

□ **舞妓**
アプレンティス　ゲイシャ
apprentice geisha

□ **書道**
カリグラフィー
calligraphy

□ **華道（生け花）**
アート　オヴ　フラワー
art of flower
アレンジメント　フラワー
arrangement (flower
アレンジメント
arrangement)

□ **茶道**
ティー　セレモニー
tea ceremony

□ **香道**
アート　オヴ　アプリシエイティング
art of appreciating
インセンス
incense

□ **盆栽**
ミニアチュア　パティッド
miniature potted
トゥリーズ
trees

□ **陶磁器**
チャイナ　セラミックス
china / ceramics

□ **漆器**
ラッカード　テイブルウェア
lacquered tableware

□ **和紙**
ジャパニーズ　ペイパー
Japanese paper

□ **骨董品** アンティークス
antiques

❏ 招き猫
ベッコニング　キャット
beckoning cat

❏ だるま
ボディダァーマ
Bodhidharma /
タンブリング　ドール
tumbling doll

❏ 風鈴　ウィンド　チャイム
wind chime

❏ 根付
ミニァチュア　カーヴィング
miniature carving

❏ 手鏡　ハンド　ミラー
hand mirror

❏ 掛け軸
ハンギング　スクロール
hanging scroll

❏ 屏風
フォールディング　スクリーン
folding screen

❏ 下駄
ウドゥン　クロッグズ
wooden clogs

❏ 草履
ジャパニーズ　サンダルズ
Japanese sandals

❏ 座布団
シッティング　クッション
sitting cushion

❏ 千羽鶴
サウザンド　ペイパー
thousand paper
クレインズ
cranes

❏ 鉢巻　ヘッドバンド
headband

□ 将棋
しょうぎ
ジャパニーズ　チェス
Japanese chess

□ 囲碁　ゲイム　オヴ　ゴ
game of go

□ 双六
すごろく
トラディショナル
traditional
ジャパニーズ　ボード
Japanese board
ゲーム
game

□ 麻雀　マージャン
mahjong

□ カルタ
ジャパニーズ　カーズ
Japanese cards

□ 花札
フラワー　カーズ /
flower cards /
ジャパニーズ　プレイング
Japanese playing
カーズ
cards

□ お手玉　ビーン　バッグ
bean bag

□ けん玉
カップ　アンド　ボール
cup and ball

□ おはじき　マーブル
marble

□ 竹トンボ
バンブー　ドラゴンフライ
bamboo dragonfly

□ こま　スピニング　トップ
spinning top

□ あやとり
ストリング　フィギュア
string figure /
キャッツ　クレイドル
cat's cradle

□ めんこ　ポグ
pog

217

本文デザイン・DTP	アレピエ
カバーデザイン	斉藤啓（ブッダプロダクションズ）
イラスト	田中 斉／おのみさ
写真	Licensed under Public Domain via Wikimedia Commons / Flickr / 写真AC
英文校正	A to Z English
協力	木村沙夜香
録音・編集	一般社団法人 英語教材協議会（ELEC）
ナレーション	Jennifer Okano 水月優希

本書へのご意見・ご感想は下記 URL までお寄せください。
https://www.jresearch.co.jp/contact/

誰でもできる　指さしカンタン！英会話

令和3年（2021年）12月10日　初版第1刷発行

編　者	Jリサーチ出版
発行人	福田富与
発行所	有限会社　Jリサーチ出版 〒166-0002　東京都杉並区高円寺北2-29-14-705 電話 03（6808）8801（代）　FAX 03（5364）5310（代） 編集部 03（6808）8806 URL https://www.jresearch.co.jp
印刷所	㈱シナノ パブリッシング プレス